MARQUIS DE CASTELLANE

LES

TEMPS NOUVEAUX

« On se lassa des discordes
civiles et Auguste fut accepté
pour maître sous le nom de
Prince. »

TACITE.

PARIS

CALMANN LÉVY, ÉDITEUR

RUE AUBER, 3, ET BOULEVARD DES ITALIENS, 15

A LA LIBRAIRIE NOUVELLE

1895

LES
TEMPS NOUVEAUX

DU MÊME AUTEUR

Format in-8°

LES HOMMES D'ÉTAT FRANÇAIS AU XIX° SIÈCLE. 1 vol.
GENTILSHOMMES DÉMOCRATES. . . . . 1 —

Format grand in-18

DÉSENCHANTÉE . . . . 1 —

LARMES D'AMANTE. . . . . 1 —

MADAME BÉGUIN. . . . . 1 —

DESTRUCTION . . . . 1 —

IMPRIMERIE CHAIX, RUE BERGÈRE. 20, PARIS. — 1892-1-95. — (Encre Lorilleux).

LES
TEMPS NOUVEAUX

PAR

LE MARQUIS DE CASTELLANE

« On se lassa des discordes civiles et
Auguste fut accepté pour maître sous le
nom de Prince. »

TACITE.

PARIS
CALMANN LÉVY, ÉDITEUR
ANCIENNE MAISON MICHEL LÉVY FRÈRES
3, RUE AUBER, 3

—

1895

PREMIÈRE PARTIE

LE GRAND BRANLE-BAS

CHAPITRE PREMIER

LE BRANLE-BAS SOCIAL

I

Se figure-t-on la stupéfaction de Louis XIV revenant à Versailles ou celle de Louis-Philippe de retour au Palais-Royal? Sauf les quatre murs de leurs demeures, que reste-t-il de l'étiquette ou du « bourgeoisisme » qui leur furent chers? De Louis XIV à Gambetta, de Louis-Philippe à Félix Faure, la distance est infiniment plus longue que de César à Augustule.

Il y a encore des princes, des nobles, des bourgeois, des gens d'honneur, des coquins; mais ceci n'est plus cela. Les princes se sont faits peuple; les bourgeois sont devenus des

aristos; les gens d'honneur se confinent dans
un mysticisme inerte; les coquins ont la coqui-
nerie cynique et bête à la fois. Ce siècle de
science a réduit en miettes toutes les hiérarchies, tous les sentiments, dans le sens imma-
tériel du mot, toutes les « intellectualités »
n'ayant pas la physique ou la chimie pour
base. La culotte de Dagobert est un symbole
parfaitement juste de notre revêtement social.
Celui-ci est complètement à l'envers, et Saint-
Éloi n'est plus pour le remettre à l'endroit.
Nous assistons à la plus effroyable culbute
qu'ait jamais faite une nation sans se briser
les reins. Car, au milieu du branle-bas, nous
restons vivaces. Nous avons beaucoup plus
l'air de gens, atteints de la danse de Saint-
Guy, que de mourants. Nous ne sommes
en face ni d'Attila et de ses Huns, ni même
de Guillaume le Conquérant et des Normands.
Sedan n'a pas eu les résultats d'Hastings. Les
bras et les jambes ont été rompus; la tête est
restée intacte.

Samson imprima au temple de Dieu une
dernière oscillation, avant l'écroulement. Notre
temple à nous est aux prises avec Samson; il
va crouler; pourtant, au milieu des débris
qui s'amoncellent, pointent de petites tiges

vertes qui font prévoir une floraison. Et c'est
là ce qui différencie notre branle-bas de tous
les autres, antiques ou récents ; il porte en
lui son renouveau et, conséquemment, un
espoir.

Le destructeur originel du vieil ordre social
a été Napoléon III. On ne saurait trop le
redire aux générations à venir, ne fût-ce que
pour leur inspirer la crainte des Césars. Jusqu'en 1848 les hiérarchies avaient persisté,
restes usés mais tenaces de l'Empire premier et
de la Restauration. Louis-Philippe pour régner
sans gouverner, n'en était pas moins demeuré
le roi. Il se réclamait ouvertement de la loi
d'hérédité comme s'il ne l'eût jamais violée.
Il se disait le serviteur du peuple, mais de
cœur seulement ; par le raisonnement il s'inti-
tulait son maître, son bon maître. Il ne lui
reconnaissait aucun droit direct, pas même celui
d'élire ses prétendus représentants. Il y avait
dans l'État un pouvoir d'origine purement
royale, sans contact avec le peuple, la Chambre
des pairs. La France officielle était voltairienne,
elle n'était point laïque : Dieu était berné, il
n'était pas supprimé. Lorsqu'on le rencontrait,
on le saluait. Sans doute tous ces pouvoirs, tous
ces respects n'étaient que des surfaces : les dépu-

tés consitaires étaient méprisés ; les ministres, issus d'eux, achetaient tout ce qui était à vendre. Une chiquenaude suffisait à détruire ces hypocrisies, mais tant qu'elles existaient elles contenaient l'orgueil du citoyen dans des limites précises. Celui-ci avait un maître : il n'était qu'un demi-maître lui-même. Il n'avait pas le droit de tout dire et de tout écrire. Il tirait à coups de revolver sur son roi, officiellement il le respectait. Les préfets étaient « du roi »; les procureurs étaient « du roi » ; les ambassadeurs étaient « du roi » ; les généraux étaient de « l'armée du roi ». Pour les simples d'esprit il y avait un ensemble d'institutions, de dénominations qui leur donnaient à penser qu'ils n'étaient pas affranchis de tout lien social. L'orgueil individuel était barré.

A la monarchie « parodiste » de 1830 succéda le second Empire. Tout à coup plus d'hérédité, plus d'antériorité, plus de supériorité ! Le suffrage universel, né d'hier, est devenu le seul maître de la société. En fait, il fait les empereurs, en principe il les défait. La source de tous les pouvoirs est mise aux voix ; les droits du peuple sont proclamés ; ils sont dans toutes les bouches, dans celle des sous-préfets surtout. On édifierait à l'orgueil populaire un

étrange monument si l'on publiait les allocu-
tions officielles faites aux citoyens par les agents
impériaux. Le peuple maître ! Le peuple seul
maître ! Chaque fois que le souverain s'adresse
directement à lui, c'est en subalterne et non
en supérieur. « Vous qui m'avez fait ! vous de
qui je tiens mon pouvoir ! vous, sans lequel
nul n'est rien ! » « Souveraineté du peuple »
est la devise du régime, comme « Liberté —
Égalité — Fraternité », avait été celle de la
Convention ! Toutes les deux ne sont que des
décors ; jamais peuple ne fut moins souverain
que celui du second Empire ; jamais peuple
n'avait été moins libre que celui de la première
République. Mais le paravent officiel est tissé
d'indépendance ; qu'importe la chose, si l'on a
le mot ! Seul, le mot compte dans la vie irré-
fléchie des citoyens. Chaque soir ils se disaient :
« Qui l'a fait Empereur ? » Et ils répondaient :
« C'est nous. » Ils s'endormaient dans les délices
de la souveraineté ; le lendemain ils se réveil-
laient dans les délices d'un esclavage inconscient. L'une avait fait passer l'autre. — Jamais
duperie de l'orgueil ne fut plus sûrement organisée.

La tendance des peuples étant de se laisser
diriger, tant que les sottises de César n'ont

pas crevé les yeux des Français ils ont acclamé César, convaincu qu'ils s'acclamaient eux-mêmes ; mais le jour où l'abîme creusé par lui leur est apparu, quelle reprise jalouse de leur moi souverain ! Plus de principes ! Plus de barrières traditionnelles ! Plus aucun pouvoir debout ! La table rase ! L'individu en face de lui-même.

Et non seulement le second Empire avait glorifié officiellement le moi au point de le déifier; mais par une logique qu'il subissait sans en avoir la conscience il avait autorisé le persiflage de tout ce qui représentait un principe social pouvant être opposé à ce moi !

Persiflé le pape que l'on encensait par devant tandis qu'on le dépouillait par derrière ! Persiflés les dieux de l'Olympe, qui tout en étant de l'Olympe n'en étaient pas moins dieux ! Persiflés les princes de toutes les nations dans les théâtres d'opérette ! Persiflé Notre Seigneur Jésus-Christ par des hommes auxquels étaient confiées des chaires d'enseignement ! « Orphée aux Enfers ! » la « Grande duchesse de Gérolstein ! » la « Vie de Jésus ! » Tout un peuple excité, enflammé par des histrions ou des hommes de lettres ! Meilhac, Halévy, Offenbach, Renau ! ces charmants irrespectueux !

Un peuple qui avait été mis pendant dix-huit ans à cette double épreuve de la glorification sans limites du moi et de la démonétisation de tout ce qui constitue un principe social dans le monde, était mûr pour le branle-bas. Sa dégénérescence était opérée; plus de pondération dans son cerveau. La guerre fondant sur lui avec son cortége de surprises, d'à-coups cérébraux, d'efforts en dehors de mesure, de souffrances de corps et de cœur, devait fatalement achever de le déséquilibrer. En quelques heures il devint ataxique. En 1871 les dégénérés de province disaient dédaigneusement des Parisiens assiégés: « Le cheval leur monte à la tête. » Ils ne s'apercevaient pas que quatre mois de séquestration avaient simplement mûri la dégénérescence, dont ils allaient, quelques mois plus tard, donner le triste spectacle...

La science a observé « quels désordres une seule forte émotion morale, un danger de mort soudain, par exemple, produit dans l'homme. Elle a noté des centaines et des milliers de cas où des personnes sauvées d'une noyade, présentes à l'incendie d'un navire, ou à un accident de chemin de fer, menacées par un assassin, etc., ont ou perdu la raison, ou ont été prises de maladies nerveuses, graves et longues, souvent incurables [1]. »

En 1793 Custine va monter à l'échafaud. Madame de Custine a forcé l'entrée de la Conciergerie ; les deux époux se disent l'adieu suprême ; un vieux gentilhomme fardé, vêtu d'une camisole et coiffé d'un bonnet de coton passe subitement près d'eux ; ils sont pris d'un fou rire inextinguible.

En 1871 Jules Favre négocie un armistice entre les armées allemandes et l'armée française... Frappé de stupeur, il oublie d'y comprendre une armée tout entière, l'armée de l'Est...

Et les centaines de mille hommes qui ont passé en quelques minutes du calme des champs au brouhaha des batailles, de la rêverie à l'anxiété, du repos aux marches forcées, de l'appétit satisfait à la faim, de la possession de soi à l'abrutissement, de la vie à la mort, auraient conservé le juste équilibre de leurs facultés !

La plupart ont commencé par n'y plus voir du tout, puis ils ont vu rouge, la couleur du sang ! Ils sont rentrés dans leurs foyers, irritables, irrités, affaiblis, incapables de lier

1. *Dégénérescence*, par Max Nordau, page 369.

deux idées saines, de couler tranquillement une existence ayant débuté par de telles secousses !

Aux guerres du premier Empire, plus qu'aux crimes de la Révolution, il faut attribuer cette nervosité excessive, cette incapacité de subir plus de quelques années la même forme de gouvernement qui fut le propre des Français en ce siècle. A son tour la guerre de 1870 a engendré l'hystérie parlementaire... Le système impérial devint en un clin d'œil le galeux ! Il fallut être soi, gouverner par soi, diriger l'armée, surveiller l'instruction publique. Plus de maîtres, et partant plus de chefs ! Plus de ministres non plus, des commis seulement ! L'action gouvernementale tout entière concentrée entre les quatre murs de la Chambre des députés ! Grenouillère vaseuse où toutes les grenouilles entendent régir, commander, gouverner !...

En quelques mois la guerre a achevé l'œuvre dont le second Empire avait proclamé le principe : la déification du moi, et l'irrespect de toute autorité, quel que fût son origine ou son nom. Les Français ont subi la loi physique de la débilité nerveuse !

Nous allons voir monter dans toutes les

branches de l'arbre social les ferments de discorde, de scepticisme, de dédain, de vanité qui sont à la France de cette fin de siècle ce que la bombe chargée de dynamite est à la maison dans laquelle elle éclate. Et ce ne sera pas seulement les politiciens de métier qu'ils secoueront d'une secousse terrible ; ce sera la nation entière depuis ses sommets jusqu'à ses bas-fonds. Nul n'échappera à la poussée d'orgueil. L'esprit du prince, celui du noble, du roturier, du paysan, de l'ouvrier, de tous ceux qui occupent une place quelconque dans la société — même des domestiques qui n'en ont aucune — en seront rongés jusqu'à ce que le monument intellectuel tout entier s'effondre sous l'ébranlement d'un nouveau Samson.

II

Les rois d'abord !

En 1871 la France vaincue, se repliant sur son moi a fait un suprême effort. Elle s'est redressée cherchant l'autorité, prête à s'incliner.

Quel est le premier obstacle auquel elle se heurte ? Le principe d'autorité lui-même. Il est en villégiature on ne sait où; on le cherche, on ne le trouve pas. La famille de Bourbon, dépositaire de son assise tradition-nelle, ne reconnaît pas l'hérédité monarchique, ou si elle la reconnaît, elle refuse d'en convenir.

Du 14 février 1871 au 5 août 1873, elle a été sinon reniée du moins dédaignée, presque gouaillée par ceux en qui un jour elle devait s'incarner. On a trop oublié aujourd'hui l'état de marasme auquel deux années durant fut réduite l'Assemblée nationale, par la répugnance des princes d'Orléans à s'incliner devant elle.

Tous les moyens furent mis en branle pour leur éviter cet acte de bon sens qu'ils prenaient pour un acte d'humilité. — Le temps a effacé les intrigues de couloir, de salons, ourdies à cet effet. Tout fut tenté dans l'espoir d'abriter leur moi orgueilleux contre la plus légère atteinte. — On alla jusqu'à offrir la présidence de la République à l'un d'eux, qui se déclara prêt à l'accepter. Ce ne fut que le jour où leur action individuelle fut convaincue d'impuissance qu'ils se décidèrent à faire acte de sou-mission, soumission forcée, sans mérite par conséquent. Il n'était plus temps. L'effort sur elle-même fait par la France au lendemain de ses blessures, ne pouvait pas avoir tant de durée. Ce qu'elle aurait accepté, ce qu'elle aurait acclamé en 1871, le 5 août 1873, elle ne le voulait déjà plus. Pas plus que les individus, moins que les individus, les peuples n'ont la faculté de se contraindre indéfiniment. Chassez l'orgueil, il revient actif, persifleur, inconséquent, dégingandé. Inquiet, on le contient, rassuré on lui donne cours. Deux années de mauvais exemples lui avaient rendu des ailes; il allait voler de nouveau de ville en ville, de hameaux en bourgades dans l'atmosphère admirablement préparée que lui avait légué l'Empire. Et ce ne sera pas une des moindres leçons de choses de ce temps, que d'y pouvoir inscrire au compte des princes de la famille d'Orléans, la démonétisation définitive du principe monarchique dans l'esprit du peuple français.

Cette déduction mathématique et par conséquent certaine étonnera ceux qui ne jugent du passé que par le présent. Ils ne comprendront pas que des princes se réclamant si nettement aujourd'hui du droit royal, en aient un jour si complètement fait fi. Nous qui avons vu ces choses nous devons en témoigner, et voulant fixer la psychologie de notre état social, force nous est d'en signaler les véritables sources. Nul ne peut nier qu'après Napoléon III, les princes de la famille de Bourbon n'aient été les édificateurs les plus actifs du moi national, les auteurs par conséquent du grand branle-bas social devant prochainement finir par l'effondrement d'un passé auquel était attaché leur nom.

La constitution de 1875 marqua le terme des moindres pressions. Désormais plus une barrière, plus une seule à l'expansion. du moi. Soixante-quinze sénateurs inamovibles tout au plus, devant perpétuer les anciennes contraintes, guenilles respectables mais guenilles. Sorte de couronne déposée sur le catafalque social et que les membres de la famille conservent pieusement pendant une génération. Nous allons entrer dans l'ère des présidents domestiqués et domestiques. Ils ne parleront plus, ils ne voudront plus; ils se tairont, ils obéiront. Le peuple régnera vraiment; il fera marcher au doigt et à l'œil, ministres, députés, fonctionnaires. Le chef de l'État lui apparaîtra comme sa créature et le sera. C'est de la Commune, du lieu même du premier groupement social que partiront les suffrages initiateurs, qui l'élèveront sur le pavoi. C'est là que seront créés le député et le sénateur qui lui conféreront le titre de chef; chef élu, chef révocable! Fait de dépendance et de rampement! S'il se rebiffe, s'il a une opinion propre, s'il tente de la faire prévaloir, il est perdu. Et il ne se dérobe pas à cette situation piteuse. Tout au contraire il s'y cramponne. Paris comme Capoue a des délices; quand on a mangé toute sa vie dans de la porcelaine à quatre sous, on n'est pas fâché de souper sur la fin de ses jours dans de la vaisselle plate.

Grévy adore la paix; sur l'ordre de Ferry il fait la guerre aux moines, la guerre aux Kroumirs, la guerre aux Chinois! Carnot est issu du bloc républicain. Il est le prisonnier de ce bloc. Rien ne l'en détachera; ni Boulanger, ni le boulangisme, ni « l'esprit nouveau »; il en est issu; c'est de lui qu'il vit, c'est par lui seul qu'il aurait tenté de revivre.

En 1885, sous le coup de l'écœurement que lui causait le spectacle de sa propre souveraineté, le peuple tenta de se reprendre; mais à la façon des amoureux Espagnols qui brûlent un cierge à la madone avant de poignarder leur rival. Un homme fut acclamé. Il sembla que l'on

voulût se livrer à lui pieds et poings liés.
A Fourmies les tisseurs souverains se mirent en
travers des rails sur lesquels roulait le sauveur, afin de ralentir la marche du train et
de contempler l'idole. A Tours, les agriculteurs
souverains défilèrent suivis de leurs femmes
et de leurs enfants dans l'espoir de baiser un
pan de sa redingote. En Angleterre le représentant de la plus vieille des races royales négocia
une entrevue sur la Tamise avec le Messie.

Après le mépris de l'autorité, sa parodie!
Après Napoléon III, Boulanger Ier. Après les
pudeurs exagérées du comte de Chambord, les
impudeurs éhontées d'un général politicien!
Et ce général bravait non pas toutes les auto-
rités, il n'y en avait plus, mais tous les pouvoirs restés debout; amalgamant la conspira-
tion, le respect de la liberté et son dédain, la
tolérance religieuse, l'intolérance socialiste, et
aussi le mépris de toutes les lois divines et
humaines. L'orgueil national avait enfin son
syndic. Boulanger fut un résultat plus qu'une
individualité. La France libre penseuse en politique, en administration, en morale, avait re-
produit sa propre image. Les dégénérés avaient
engendré un dégénéré atteint comme eux de la
folie des grandeurs et du culte du moi!

III

Soumise depuis vingt ans à un tel régime
cérébral, désossée politiquement, moralement,
la France devait donner le spectacle des plus
étranges convulsions. Son orgueil se manifesta
de façon stupide. Jamais professeur de branle-
bas ne travailla plus méthodiquement à l'effondrement du passé. De parti pris toutes les aptitudes furent faussées. Des pékins on fit des
généraux, des normaliens des financiers, des
marins des diplomates, des journalistes les
chefs de l'instruction publique, des libres penseurs les ministres des cultes ; la cour du roi
Pétaud ne fut qu'une miniature à côté de la
grande toile où ont figuré les chefs de service
de la France affranchie.

Freycinet, simple ingénieur, inspirateur de
toutes les bévues militaires commises par le
Gouvernement de la Défense nationale, le
vaincu de la bataille d'Orléans, de la bataille
du Mans, celui qui forçait d'Aurelles à livrer

combat et qui enlevait à Chanzy ses régiments est nommé chef de cette armée qu'il a compromise et presque perdue! Il la dirige, il la passe en revue! Et tous les serins dont la France est peuplée applaudissent le grand homme ; ils l'encensent, ils le flattent; l'Académie l'acclame, Freycinet est sacré homme de lettres et homme de guerre! Je ne connais pas de preuve plus accablante de notre écroulement social que cette apothéose! D'un intrigant on a fait un patriote, d'un ingrat un homme de cœur, d'un politicien un grand maitre! Le peuple a dit : « Que cela soit », et cela a dû être! Il est vrai que cet homme n'avait aucun passé, qu'il n'avait respecté aucune autorité, pas même celle de Gambetta, son bienfaiteur. Né du temps présent et fait de peu, il était la création immédiate et voulue des Français souverains!

Un autre exemple de notre état convulsif a été la présence de Jules Ferry à la tête du ministère des cultes. Lui dont le mariage avec la fille d'un riche Alsacien fut jadis la récompense de son irréligion notoire! Lui qui avait refusé de faire consacrer le lien conjugal par un prêtre, nommera les évêques! traitera de pair avec le nonce du pape! Quel qu'ait été le talent ou le sectarisme de l'homme, le contraste entre son personnage et les situations administratives qu'il a occupées est grotesque. Il constitue de la part du peuple qui l'a permis, un mépris des convenances sans précédents.

Et combien d'autres fantaisies à son actif! Du pharmacien Peytral il fait le chef de nos finances! Du directeur d'enregistrement Boulanger il fait le grand maître de nos colonies. Floquet qui a insulté le tsar en 1868 est chargé en 1889 de préparer l'alliance franco-russe. — Plus de traditions, plus de préparations! « Je veux, donc je puis. » « J'ordonne, donc ce sera. » — Et plus on descend dans l'échelle sociale, plus on constate l'application de la méthode. Le personnel consulaire, diplomatique, administratif, judiciaire, financier est le plus cahoté qui fût jamais; calqué sur celui par qui le suffrage universel se fait représenter, personnel de favoritisme et d'intrigue, sans aptitudes, sans traditions. Faire une carrière est une expression à rayer du vocabulaire français; les carrières n'existent plus, seules les places existent; le bon plaisir du peuple vous en donne ou vous en refuse l'entrée.

De ce brouillamini, de ces directions contraires données aux courants intellectuels des

citoyens à la suppression de toute espèce de
hiérarchies il n'y a qu'un pas; ce pas a été
vite franchi. Le souverain n'a pas respecté les
sujets; les sujets ne se sont pas respectés entre
eux. La maladie d'orgueil n'a épargné ni les
plus haut placés par le nom, par la fortune,
ni les paysans, ni les prolétaires. Des petits-
crevés de vingt ans, sous prétexte de *ducherie*
entendent damer le pion à des vieillards de
quatre-vingts. La vieille France s'inclinait devant la majesté de l'âge, la jeune s'incline
devant des titres très souvent frelatés, qui jadis
n'assuraient aucun privilège de rang à ceux
qui en étaient porteurs. Ou bien encore des
gens qui ont ramassé l'or dans je ne sais quel
ghetto, se hissent sur les débris de l'antique
aristocratie française et la main dans la main
d'une patricienne convient la jeunesse enjouée
à souper à leur table, décernant les palmes
de l'élégance, imposant la mode, transformant
les grands seigneurs en pique-assiettes, et
les voleurs de grands chemins en citoyens
austères.

Allez à la campagne, vous y verrez les gros
fermiers, plus fiers que des paons, glorieux de
leur argent, mais ne trouvant plus de bras
pour les servir. Cultiver la terre, fi! Faucher!

Bêcher! Labourer! Métier de subalternes! Filles et garçons abandonnent le village, courent à la ville pour jouer à la dame et au monsieur. Ils veulent être des bourgeois, ils deviennent des ratés.

Entrez dans l'usine : le spectacle est pire. Généraux et soldats y sont en contact permanent, ils devraient s'entr'aider; ils se font la guerre. L'ouvrier est syndiqué; il entend opposer sa propre force à celle du patron, traiter d'égal à égal d'abord, puis de supérieur à subalterne. Un compagnon refuse de s'affilier au syndicat, le chef d'usine est sommé de cesser son embauchage; il résiste, la grève est déclarée. De sorte que les soldats commandent au chef, et le chef, sous peine de ruine, est tenu d'obéir aux soldats. C'est le système de la bourse ou la vie, et celui aussi des jambes en l'air et de la tête en bas. La fameuse loi Bovier-Lapierre, avec laquelle le Sénat et la Chambre des députés ont, trois années durant, joué à la balle serait la consécration officielle de la mainmise de l'ouvrier sur le patron. Effacement de toute supériorité intellectuelle ou financière! Nul n'étant plus le maître chez lui! Le peuple souverain exerçant sa souveraineté dans l'atelier, dans les champs, au château et jusque dans la maisonnette du prolétaire un peu plus riche que ses frères.

Il n'y a pas jusqu'aux domestiques qui ne soient atteints de la passion destructive de toute hiérarchie. Sous la Convention le mot domestique était remplacé par celui « d'associé »; la locution a fait sa rentrée dans le dictionnaire mais celui qu'elle désigne est décidé à traiter d'égal à égal avec son maître. La police des antichambres ne fut jamais si difficile! Les domestiques, qui, il y a un siècle, faisaient partie de la famille, se considèrent comme des vendeurs de bras. Tant pour une paire de bras, tant pour deux paires de bras! Eux aussi ils veulent exercer leur souveraineté! Ils vous jettent à la face leur huit jours, avec des voluptés inouïes. Le valet de pied entend être maître d'hôtel; le maître d'hôtel entend être huissier à chaîne et l'huissier à chaîne épouserait volontiers la fille de son maître.

IV

Voilà où nous en sommes! Dans le spectacle des hommes et des choses de ce beau pays de

France, jadis si encadré, on ne trouverait pas une institution, un corps d'état, une classe de la société, d'aplomb sur eux-mêmes, avec une base, un milieu et un sommet. La monarchie française dort dans son linceul blanc et sur le trône de Louis XIV siégeait un petit-fils de régicide. L'ombre de Bonaparte se profile encore sur le plancher des théâtres, mais elle ne va pas au delà. Nous sommes à plat ventre devant la Russie et d'une politesse obséquieuse pour le reste de l'Europe. Jadis nos diplomates s'appelaient Richelieu, Mazarin, Talleyrand : aujourd'hui ils se nomment Ferry, Waddington, Goblet. En vingt ans, nous, peuple souverain, seul maître de nos volontés, nommant nos députés, désignant nos ministres, nous avons livré volontairement l'Égypte aux Anglais, recherché les Anglais, recherché les Allemands [1], recherché le tsar. Il ne nous manque que la protection momentanée de l'Italie pour pouvoir nous donner le témoignage d'avoir fait patte de velours à l'Europe entière. Si ces ter-

1. En 1878, au moment de la guerre des Balkans, au lieu de prendre parti pour l'agrandissement de la Russie du côté de Constantinople ce qui eût été une politique vraiment effective, nous nous sommes mis à Berlin à la remorque de M. de Bismarck qui nous fit prendre la vessie tunisienne pour une lanterne européenne.

giversations, ces tiraillements ne sont pas l'effondrement de notre influence dans la balance du monde, c'est que le monde est en vérité ou bien poltron ou bien aveugle...

A l'intérieur le spectacle est plus carnavalesque encore. De 1871 à 1895 nous avons usé trente-deux ministères, environ un et demi par an. Plus ces ministères ont changé, plus ils se sont ressemblés. Arlequin a été notre modèle. Simultanément nous avons eu des ministres intègres et voleurs, patriotes et antifrançais, intelligents et imbéciles, Ricard, Baïhaut, Flourens, Ferry, Freycinet, Ribot. Je ne cite que les sommités de chaque genre. Pendant le même temps la magistrature nous a donné le spectacle de chefs de parquet tour à tour accusateurs de conspirations imaginaires, et étouffeurs des vols éhontés de la haute finance. La Haute-Cour de justice condamnant Boulanger, et les parquets de Paris traînant en longueur les turpitudes panamesques afin de faire bénéficier les auteurs de la prescription légale! Nous avons vu Cornélius Herz, soudoyeur de députés, corrupteur officiel, entremetteur des ministres et des journaux, officiellement protégé, jamais pris, soumis à des examens médicaux se terminant invariablement par le même bulletin d'inquiétudes. Nous avons vu tout cela, nous en avons vu bien d'autres, et la justice a été bernée, vilipendée, au point que nul ne la respecte plus. Nous avons entendu des ministres proclamer la tolérance et leurs chefs de cabinet pratiquer la tyrannie. Nous en sommes venus à cet état de brouhaha social où le mal et le bien inconsciemment cohabitent, où le même homme a de parti pris deux personnages, l'un qu'il montre le lundi, l'autre qu'il produit le mardi.

Et s'il en est ainsi, ce n'est pas que notre moralité soit plus défectueuse que celle de l'Anglais ou de l'Allemand, c'est parce que dans la société telle que l'a conçue l'orgueil individualiste, tout le monde se croit fait pour commander, nul pour obéir. Le député commande au ministre, l'électeur commande au député, le comité électoral commande à l'électeur, le plus bavard des buveurs de bocks du chef-lieu d'arrondissement commande au comité et celui-ci obéit à je ne sais quel souffle de terreur répandu dans l'atmosphère, le souffle sardonien de tous les Lucifers passés et futurs.

Alors on voit s'élever au-dessus de cette société une flèche immense tremblant sur ses appuis. Le peuple assemblé danse autour d'elle, exaltant son œuvre, défiant le monde, défiant Dieu. Et il n'entend pas le cyclone lancé à toute vitesse qui accourt du fond de l'éther et qui va le balayer comme un fœtus. Les Hébreux avaient élevé la Tour de Babel, les Français ont édifié la Tour Eiffel. Symbole de leur superbe et de leur imprévoyance! Car de l'avis même de ses constructeurs celle-ci ne peut pas durer plus de vingt ans, sans retomber comme la pierre d'un sépulcre sur ceux qui l'ont construite!

CHAPITRE II

LE BRANLE-BAS RELIGIEUX

La religion est une soumission ; le propre de l'orgueil est de ne se soumettre à rien. Le branle-bas social devait donc engendrer le branle-bas religieux ; c'était logique et conséquemment fatal. Avant d'étudier ce phénomène et la façon dont il est né, je déclare que nul n'a le droit de voir dans l'exposé que je vais en faire l'expression de mes sentiments intimes. Je les garde au fond de moi, ne voulant causer ni joie ni scandale aux incrédules ou aux dévots. Je marque les coups, j'entends ne pas aller au delà.

Durant la première moitié du siècle et jusque

vers le milieu du second Empire toute la polémique spiritualiste fut circonscrite entre les fidèles de la raison pure et ceux de la révélation. On n'était point athée, on était « esprit fort » ou si l'on se disait catholique, on n'admettait ni un doute ni une interrogation. La raison vous enseignait qu'il existe un Dieu, on ne niait pas Dieu : mais le catholicisme attribuait à ce Dieu des duretés vis-à-vis de l'humanité suivies de tendresses infinies que la raison n'arrivait pas à comprendre et on niait la vérité de la révélation. Ce fut un duel à mort où personne ne fut tué. Le catholicisme soutint sa révélation sans pouvoir scientifiquement la démontrer. La raison soutint qu'elle expliquerait l'univers ; elle ne put indiquer ni la cause ni le but de la création. Chacun des combattants coucha sur ses positions, l'un flanqué de son éloquence, l'autre de sa dialectique.

C'est alors qu'intervint dans la lutte un troisième adversaire. D'une allure toute différente et grâce à cette allure, il devait imprimer à l'édifice religieux l'ébranlement cause première du branle-bas dont cette fin de siècle donne le spectacle.

De son vrai nom, il s'appela Renan : de son

nom doctrinal, il devrait s'appeler « le christianisme poétique ». Ce n'était plus le doute ou l'affirmation, c'était un nuage délicieux, plissé d'or et de brume, où l'humanité régénérée devait un jour s'absorber et se diviniser. La raison y était conviée au même titre que l'histoire, les faits au même titre que les rêves; la divinité y était humanisée, l'humanité y était divinisée : amalgame prodigieux de certitudes, de suppositions et de scepticisme. Rien n'y était nié, tout y trouvait une explication plausible, faite pour plaire, donnant satisfaction au bon sens. Ce christianisme-là rassurait les rationalistes, parce qu'il n'était qu'un poëme, et détachait de la révélation les croyants auxquels il démontrait que tous les phénomènes de la vie du Christ sont humainement explicables. La *Vie de Jésus* fut la dynamite éclatant au milieu des deux armées spiritualistes. Elle les dispersa aux quatre coins de la France, laissant les débris abasourdis par la force du coup. Nier Dieu était peu de chose; mais rabaisser le Christ au rang d'homme, en faire une poésie ! quelle entaille dans le monument religieux tout entier ! Montrer à toute une nation que le Jésus auquel ses pères ont cru, qu'ils ont adoré s'est hissé au-dessus du monde civilisé par sa propre force, par son génie personnel, par les trésors de charité, de fraternité, dont son âme était tissée, par son propre mysticisme, n'était-ce pas la convier à se détacher de toute croyance positive pour s'élever d'elle-même et de son propre vol aux régions sereines où sa foi en lui-même et en sa mission avaient conduit Jésus?

Comment fut tramée l'œuvre? A l'aide de quel enchaînement d'idées?

Substituer une poésie à une révélation, des pensées vagues de mysticisme à des affirmations théologiques était une entreprise pleine de périls. Une négation pure et simple aurait été qualifiée de blasphème... L'obligation de se recueillir imposée aux croyants suffisait à les indisposer contre le trouble-repos. Le moindre heurt, le plus petit manquement d'égards, les eût rejetés dans la foi traditionnelle et irraisonnée. La plume enchanteresse de Renan, sa bonhomie, l'absence de toute attaque directe contre le christianisme clérical et romain forcèrent l'attention. La nouveauté et la stupeur aidant, la *Vie de Jésus* fut lue, relue, commentée par toute la génération jeune, religieusement éduquée, suivant les rites austères et inexpliqués des catéchismes diocésains.

Voici ce qu'elle y vit :

Jésus n'était pas un envoyé direct de Dieu venant sauver le monde à une époque expressément choisie par lui ; il était le symbole d'une religion nouvelle « qui avait mis elle-même au moins trois cents ans à se former ». Le christianisme, par le seul fait de cette énonciation, devenait le résultat du travail intellectuel de l'humanité. Les gens qui se croyaient de l'esprit, et il y en a beaucoup en France, se sentirent flattés. La plus belle œuvre du genre humain avait été conçue, construite de pied en cap par le genre humain lui-même ! Et que de preuves à l'appui ! Philon, Hillel, d'autres encore furent présentés au public. Ces docteurs juifs, cinquante ans avant Jésus, avaient émis ces mêmes maximes d'amour de Dieu, de charité, de repos en Dieu dont est fait l'Évangile. Tous ces écrits, tous ces aphorismes « venaient donc des communes tendances que les besoins du temps inspiraient à tous les esprits élevés » ! Qui avait pensé à cela ? à ces matérialités de faits ? Les philosophes allemands, les rationalistes français avaient construit des syllogismes ; ils n'avaient pas jeté dans leur lutte contre le christianisme un instrument de démolition aussi perforateur.

Ce Jésus, Renan s'empresse de le présenter
aux générations modernes, comme un de ces
génies géants des débuts de l'humanité, pétris
d'idéal et de mysticité; telles ces angéliques
ébauches d'un Pérugin ou d'un Fra-Angelico
qui touchent d'un pied la terre alors que leur
être est déjà perdu dans les nuages du ciel.
« Le merveilleux n'était pas pour lui l'excep-
tionnel c'était l'état normal »! Et ce sublime
rêveur, nous le voyons assis sur le sommet de
la montagne de Nazareth d'où la mer, l'azur
de l'atmosphère, les hautes plaines à l'horizon
lui apparaissent comme autant d'ombres trans-
parentes d'un monde invisible qui s'appelle le
ciel. L'histoire du christianisme naissant « devient ainsi une délicieuse pastorale » pensée et
décrite par le plus éthéré et le plus sublime des
poètes. Ce poète est un saint. « Il vit au sein
de Dieu par une communication de tous les
instants. Il se croit en rapport direct avec
Dieu : il se croit fils de Dieu. La plus haute
conscience de Dieu qui ait existé au sein de
l'humanité a été celle de Jésus. » Jésus devient
le réflecteur de Dieu, mais il n'est pas Dieu
lui-même! Plus de péché originel! Plus de
rédemption! Un homme enivré de divinité,
proclamant Dieu sur la terre et annonçant sa

royauté dans le cycle des siècles à venir ! Et
cet homme n'a rien de sacerdotal ; il n'est lui-
même qu'une poésie et qu'un symbole. « Jamais on n'a été moins prêtre que ne le fut
Jésus, jamais plus ennemi des formes qui
étouffent la religion sous le prétexte de la protéger ». « C'est par l'attrait d'une religion
dégagée de toute forme extérieure que le christianisme a séduit les âmes élevées ! »

Que faut-il donc penser d'une église qui a
enserré dans un cadre restreint, avec des commandements, des mystères, des rites, des banderoles en papier peint cette personnalité si
adorablement humaine de Jésus ? M. Renan ne
le dit pas ; mais il attend que l'on se pose la
question. Son attente n'est pas de longue durée. Le malaise puis le trouble s'emparent de
l'âme du lecteur. Celui-ci s'inquiète ; il ne sait
plus si Jésus est Dieu, si l'église catholique est
l'église de Jésus, si lui-même, pauvre humain,
il n'est pas une parcelle de divinité égarée
dans l'espace appelée à se réunir un jour au
grand tout divin. L'histoire de cette église
découvrant au xixe siècle des dogmes nouveaux
comme Christophe Colomb au xve découvrait
l'Amérique, tour à tour intolérante jusqu'à
l'Inquisition et tolérante jusqu'à faire patte de

velours à une république officiellement athée, passe devant sa mémoire ; et sa foi, sa belle foi du charbonnier qu'il avait reçue de ses pères, qui ne l'avait jamais quittée, semble tout à coup s'enfuir malgré lui, intangible.

Cette église, dont il fait encore partie, elle a admis dans son sein « les riches » « les manieurs d'argent » ; elle les cajole. Elle-même revendique un pouvoir temporel ; des cardinaux en robe rouge, des églises de marbre, des tabernacles d'agate, des Suisses chamarrés, une cour..... et Jésus a maudit les riches ! et Jésus a exalté la pauvreté ! et Jésus est né dans une étable ! Et tout cela est publiquement mis sous nos yeux par Renan, au moment où le pape et tout l'élément mondain qui l'entoure est renversé, culbuté par le second Empire ! — Le trouble augmente : la génération se demande si cette longue suite de prétentions, de vantardises, de conquêtes, de luxes, de préoccupations, d'étiquettes purement humaines ne sont pas une déviation, une corruption du divin christianisme fondé par Jésus ! — Suivez la progression : Jésus est un homme supérieur : l'église catholique n'est plus l'église de Jésus ! Et voilà toutes les consciences religieuses inquiétées, anxieuses, se posant des

points d'interrogation, que jusque-là, elles
avaient ignorés.

Telle fut l'œuvre de Renan ! Le premier il
inquiéta les croyants. Il dit à la foule des
ignorants, et les ignorants sont foule : regardez.
Et il leur montra les contradictions, les dévia-
tions de l'idée chrétienne, sans insultes, sans
violence, pieusement même et surtout poéti-
quement. Le monument restait debout, mais
il avait changé de destination. Ce n'était plus
un temple, c'était un refuge pour les âmes de
bonne volonté. Il se présentait aux yeux des
Français séparé par un prisme où toutes les
couleurs du doute et du scepticisme allaient
désormais se concentrer. Renan fut un chef
d'école... il eut des disciples. Pendant quinze
ans ils firent vivre la France intellectuelle de
pourquoi, de comment, n'affirmant rien, ne
niant rien, désossant le christianisme, comme
l'on désosse un poulet.

C'est alors qu'intervint dans la démolition
un élément ignoré jusque-là et qui, se donnant
à lui-même la mission de reconstruire la foi,
battue en brèche, hâta inconsciemment et par
sa composition même, l'effondrement de l'édi-

lien religieux. Cet élément, ce fut le christianisme scientifique. Aux divagations poétiques de M. Renan, on allait opposer des données qui, au lieu d'une base purement sentimentale, feraient à la religion une base strictement mathématique. Je n'en citerai qu'un exemple entre mille, celui-là ayant été assez tapageur pour donner la clef de tous les essais et de tous les avortements du système.

M. l'abbé Frémont inaugura tout à coup, à Paris, il y a une quinzaine d'années [1], la démonstration de l'accord certain de la religion avec la science. De cet accord devait naître la réfutation du « renanisme ». Plus de théories métaphysiques ou philosophiques, plus de raisonnements, des faits, des preuves tangibles! L'entreprise était superbe; si elle réussissait, le christianisme vainqueur pouvait défier toutes les gouailleries.

L'abbé Frémont, en honnête homme, ne se déroba à aucune question. Les origines de l'homme, sa composition, la divinité du Christ, furent apportés dans l'amphithéâtre où la doctrine spiritualiste allait être autopsiée. La voix

1. Conférences sur le christianisme, prêchées dans l'église Saint-Antoine des Quinze-Vingts, en 1879 et 1880.

du chirurgien retentit, assurée, convaincue devant un auditoire avide de clartés. Voici ce qui se passa :

La première conférence devait démontrer que le corps et l'âme dans l'homme sont deux substances absolument distinctes, l'une qui est animée, l'autre qui anime. Les matérialistes qui prétendent que l'âme est « une résultante » des éléments chimiques combinés, en seraient pour leur triste et ridicule prétention. Or, quel fut l'argument du conférencier ? « Si, s'écria-t-il, la matière organisée est un résultat de l'action des forces physico-chimiques, nous demandons au matérialisme ses preuves, et il n'en a aucune. » Comme critérium scientifique de la distinction des deux substances animées et animantes, cette constatation était sans valeur. Les matérialistes devinrent rêveurs : ils songèrent que si l'âme était une substance indépendante du corps, le nouveau-né, dès le lendemain de sa naissance, comprendrait, comparerait, au lieu de passer un an à végéter et quatre années au moins à s'initier au fonctionnement de son intelligence. D'autre part, on était arrivé à faire du rubis, pourquoi n'arriverait-on pas un jour à faire des arbres ? Certes ils n'avaient pas encore prouvé que les éléments chimiques de notre organisme se meuvent par eux-mêmes au lieu d'être conduits à leur insu par une « idée directrice ». Mais l'abbé Frémont n'avait pas scientifiquement établi le contraire. Les gens sans parti pris retinrent son aveu et son propre doute : « La matière, si Dieu le voulait, pourrait-elle penser ? On ne voit pas clairement que cela fût impossible ; mais pense-t-elle ? » Et tandis que ce même prédicateur s'extasiait devant la prudence de saint Thomas d'Aquin, qui sans résoudre le problème de la distinction des deux substances humaines, s'est contenté d'une définition « purement descriptive » des fonctions multiples de l'âme [1], eux songeaient que le nouveau père de l'église scientifique ne donnait pas plus de preuves de son affirmation que les matérialistes ne fournissaient de motifs à leurs doutes.

Comment allait-il établir que les découvertes de la science moderne n'infirment en rien les enseignements du récit biblique sur les origines de l'homme et sa filiation ? Des gens qui n'avaient jamais entendu parler que très vague-

[1]. *L'âme est ce par quoi nous avons la vie, la sensation, le mouvement et l'intelligence.* Saint Thomas d'Aquin. *De anima.* Liv. IV, Lect. v.

ment de divergences et d'infirmations, se posaient maintenant la question ; ils lisaient, ils étudiaient Littré, Broca, Büchner. Un immense souffle de curiosité se répandait dans l'atmosphère parisienne. La science disait : L'homme est le résultat des énergies physico-chimiques de la nature ; l'homme est un transformé, un perfectionné, un proche parent du singe ; l'homme n'est pas un être à part, créé par un acte spécial et volontaire. Le christianisme répondait : l'homme est le dernier mot de la puissance de Dieu. Dieu a fait l'univers pour l'homme ; il le lui a donné en partage ; il l'en a institué le roi. Les simples d'esprit, ceux qui se contentent en ce monde d'espérer pour ne pas mourir de chagrin, étaient fort peu soucieux de savoir laquelle des deux affirmations était la vraie ; mais les catholiques nouveau modèle n'entendaient pas les laisser dans leur indifférence : il fallait conclure. Darwin fut introduit dans les temples : les singes et lui passèrent un mauvais quart d'heure ; toutefois, l'abbé Frémont proclama que la matière considérée dans toute sa masse et dans l'ensemble général des diverses modifications que ses forces ont pu successivement revêtir, pouvait être éternelle. « L'esprit humain, s'écria-t-il, impartialement consulté, ne trouve à cette proposition aucune répugnance invincible [1]. »

Son affirmation ne fut pas moins sensationnelle lorsqu'il s'agit de remonter les origines du monde. La Bible avait parlé de six mille ans, la science avait trouvé dans la superposition des couches du limon annuel du Nil, la preuve d'une vieillesse ne pouvant pas être inférieure à trente mille ans. Ce n'était pas un on-dit, c'était un fait constaté *de visu* par Champollion, par Mariette-Bey et tous les égyptologues. L'abbé Frémont expliqua que ce que la Bible appelle « jour » la science l'appelait « période », période indéterminée ! Les vieux catéchistes d'autrefois n'avaient cessé d'enseigner que la création remontait à six mille ans ; Cuvier lui-même n'avait-il pas prétendu que six mille années suffisaient à expliquer tous les phénomènes géologiques ? Et voici qu'un prêtre moderne insinuait que la création du monde pouvait fort bien remonter à trente, à quarante, peut-être à cent mille ans. — Pauvre histoire sainte !

1. *Conférences sur le christianisme*, par l'abbé Frémont. Troisième conférence, *Origines de l'homme*.

Le transformisme fut tout d'abord l'objet des railleries du conférencier. — « Comment la nature, dont les lois ont pour caractère l'immutabilité, ne montre-t-elle aujourd'hui aucun produit de la race simienne qui puisse parvenir à faire du feu ou à parler? » Mais, le temps porta sans doute conseil à l'abbé Frémont; sans doute aussi, les études qu'il fit lui apprirent que la prétention de Haeckel, de Büchner et de bien d'autres, n'était pas qu'un premier singe se fût mis tout à coup à jaser; qu'ils croyaient, au contraire, à une transformation lente, très lente, très sériée de l'espèce non pas en un homme, mais en plusieurs hommes, transformation datant d'époques infiniment reculées. Bref, dans une conférence postérieure prononcée, je crois, en 1885 à Saint-Philippe-du-Roule [1], l'abbé Frémont enseigna ceci : « Le darwinisme, restreint dans certaines limites, pourrait même se concilier avec les enseignements de la foi ! »

Je me souviens de la stupeur des croyants. Adam, les singes, le bon Dieu passèrent devant leurs yeux en un même tourbillon. Il se pou-

----

1. De 1884 à 1886, M. l'abbé Frémont a donné, à Saint-Philippe du Roule, trente conférences sur les *Origines de l'homme.*

vait que Darwin eût raison? Mais alors la Bible pouvait avoir tort! Par le seul fait d'avoir posé ces imprudentes questions, la foi béate, celle que Jésus a bénie (Heureux ceux qui, sans avoir vu, ont cru d'une foi inébranlable!) était effritée. Le prédicateur avait semé l'inquiétude, il allait récolter le doute. De l'apparition du christianisme scientifique date l'état de malaise qui a été la caractéristique des âmes religieuses en cette fin de siècle. Au lieu d'endormir l'inquiétude, il l'a surexcitée. Il a tenté de faire des riches d'esprit, oubliant que seuls les pauvres d'esprit ont été proclamés heureux! La religion n'est pas une science, c'est une poésie; ni « l'homme primitif » du cardinal Meignan, si documenté pourtant, ni les coquetteries faites au darwinisme par l'abbé Frémont, ni les compressions aux textes bibliques des prestolets de leur école, ne sont capables de la réduire en axiomes scientifiques.

Il ne saurait en être autrement, même en ce qui concerne le christianisme historique. L'histoire n'est pas une science exacte; elle est la science inexacte par excellence, inventant les légendes, confondant, comme en Égypte, les rois avec les dynasties, affirmant avec une école anglaise, que Shakespeare n'a jamais existé, ne parvenant à donner aux origines de la République, que notre génération a faite, ni la même cause ni la même filiation.

Se présenter dans une chaire avec des textes, qui ne sont eux-mêmes que le résultat d'une reconstitution bibliologique, comme la bible d'Esdras[1], puis confesser avec l'école dont l'abbé Frémont est le chef que l'œuvre d'Esdras était inspirée et non révélée, « distinction qui, disent-ils, laisse aux auteurs sacrés leurs facultés personnelles et par conséquent leurs infirmités[2] », c'est ranger l'histoire de la foi dans la même catégorie que toutes les histoires en général.

Je pourrais suivre le christianisme scientifique dans ses tentatives pour établir, par des A plus B, la divinité de Jésus. Cette divinité se sent lorsqu'on a la foi; elle suinte des prophéties des Évangiles comme, dans les montagnes, les gouttes d'eau tombent des rochers; mais elle ne résulte pas de ce que le pape Damase a déclaré qu'il n'y avait d'orthodoxes que quatre Évangiles sur quatre cents, ou de ce que je ne sais quel historien païen

---

1. Conférences de l'abbé Frémont, p. 422.
2. *Ibid.*, p. 422.

affirme avoir lu les prophéties de Daniel avant qu'elles se soient accomplies.

Vers le même temps eurent lieu à Paris les conférences du Père Didon, de l'ordre des dominicains, sur le divorce. Comme appendice au christianisme scientifique, il inaugurait le christianisme politique, celui qui discute avec les lois, qui les approuve ou qui les contredit. Décidément, les ministres du Dieu de la paix voulaient le combat. L'esprit chrétien était convié à se mesurer avec l'esprit laïque. On vit alors ce spectacle étrange de la chaire du Seigneur entourée de gens de lettres, de demi-mondaines et de cocottes. On venait au spectacle et non plus au sermon. Le galimatias mondo-religieux était au comble. La société franco-chrétienne entrait en décomposition !...

Un fait est incontestable : avant l'apparition du christianisme scientifique et de cet essai, manqué d'ailleurs, du christianisme politique, les chrétiens français croyaient béatement, sans points d'interrogation. Ils berçaient leur âme d'espoirs irraisonnés et bienfaisants. Depuis quinze ans que, à la foi béate les prêtres ont tenté de substituer la foi mathématique, un trouble profond s'est fait dans les consciences

religieuses ; un piédestal y a été construit à
la science exacte, laquelle, pour n'avoir rien
résolu dans le domaine matérialiste, n'en a
pas moins jeté dans le domaine spiritualiste
des ferments d'inquiétude et de détachement.
De là est né cet état d'esprit qui n'est ni la foi
ni le doute, mais qui est le rêve sans base,
l'aspiration sans conclusion et, par conséquent,
la sottise. Vienne le syndic de ces dégénérescences religieuses, et toutes les victimes du
système se précipiteront à sa suite.

Ce syndic ne devait pas se faire attendre ;
les situations créent les hommes. Tolstoï et le
tolstoïsme émergèrent de la débâcle, comme
par enchantement. De l'abbé Frémont et de
son école à l'illuminisme du comte russe, il
n'y eut pas de transition. L'un versa dans
l'autre comme un fleuve coule à la mer. Durant dix années, l'évangile de Tolstoï fut dans
toutes les mains ; évangile vague, humain et
surhumain, fait de découragement et d'espoir,
de précisions et de doutes.

De nature essentiellement religieuse, Tolstoï
avait subi le tumulte de ses impressions sans
avoir la force de les organiser. Il était l'ex-

pression vivante du trouble produit en France par la dégénérescence religieuse... « l'esprit d'un chimiste anglais dans l'âme d'un bouddhiste hindou [1] ». Quelle était sa doctrine? Bien malin qui pourrait la démêler de son rêve. D'idée fondamentale il n'en a pas. Mais la souffrance intellectuelle, le malaise moral et une avidité inouïe de formules consolatrices tombent de ses écrits comme des reflets de lumière échappés du crépuscule à la fin d'un jour d'été pluvieux. De ces cris désespérés qui s'appellent : « Ma confession », « ma religion », « ma vie », que ressort-il? Quatre propositions à la fois affirmatives et négatives : « L'individu n'est rien, l'espèce est tout; l'individu vit pour faire du bien à ses semblables; penser et chercher, c'est là le grand mal : la science est la perdition, la foi est le salut ». « La science, dit Tolstoï, ne m'a rien expliqué. A mon éternelle question, la seule qui signifie quelque chose : Dans quel but est-ce que je vis? la science me donna des réponses m'apportant d'autres enseignements qui m'étaient indifférents. La science me dit seulement : La vie est un mal dépourvu de sens. Je voulus me

1. *Le Roman russe*, par E.-M. de Vogué.

tuer. Enfin, j'eus l'idée d'examiner comment vit l'immense majorité des hommes, non pas celle qui, comme nous, les prétendues classes supérieures, se livre à la réflexion et à l'étude, mais celle qui travaille et souffre, et qui cependant est tranquille et a des idées nettes sur le but de sa vie. Je compris que l'on doit vivre comme cette foule, revenir à sa foi simple[1]. »

De la foi simple à la foi du charbonnier, il n'y a pas l'espace d'un cheveu. Le christianisme scientifique avait dit : « Croyez en moi parce que je suis la vérité raisonnée » ; Tolstoï disait : « Croyez à la pomme, au serpent, aux sortilèges, aux pèlerinages, aux apparitions, à Bouddha, à Mahomet, à n'importe qui, à n'importe quoi, pourvu que vous croyiez à quelque chose de déjà cru par les foules. »

L'abbé Frémont avait dégoûté les catholiques du christianisme scientifique ; Tolstoï mettait la science à la porte. Qui se ressemble s'assemble : les dégoûtés français tendirent la main au dégoûté russe.

Alors commença un travail d'attirance religieux et social. La foi, la vieille foi, mal défen-

____
1. *Mes confessions.*

due, comme si l'on eût à rougir d'elle, petit à petit, imperceptiblement, se fondit dans une sorte de brume humanitaire, très douce à respirer, mais, somme toute, fort peu chrétienne. Tout y était, l'amour du prochain, la résignation, la chasteté, tout, sauf le Christ. Tolstoï en fut l'apôtre, l'analyste et le poète.

« L'Évangile, s'écria-t-il, est la source de la lumière [1]. Mais Jésus-Christ était-il Dieu ou non Dieu, cela lui était complètement indifférent. Que lui importait de savoir quand ou par qui avaient été composés l'Évangile ou telle parabole, si l'on pouvait les attribuer au Christ ou non? Ce qui lui importait, c'était cette lumière qui, depuis dix-huit cents ans, a éclairé et éclaire le monde; quant à nommer la source de cette lumière, à connaître sa composition, à savoir qui l'a allumée, cela, ajoutait-il, lui était absolument égal. »

Telle était la foi que Tolstoï appelait « la foi simple »; une foi sans formes extérieures, un christianisme sans Christ ! Pour des âmes désemparées à qui les prêtres n'enseignaient plus que bien faiblement les vieilles légendes bibliques, et qui n'avaient trouvé dans le chris-

---

1. Léon Tolstoï. *Court exposé de l'Évangile.*

tianisme scientifique que déceptions, le mysticisme tolstoïen devait être un appât. Elles y mordirent à belles dents. La dégénérescence religieuse aidant, il ne fallut que peu de temps pour engendrer la secte des néo-catholiques, c'est-à-dire des faiseurs de rêves, mystiques aujourd'hui, hérétiques demain et imbéciles après-demain. « La seule vie véritable, leur disait Tolstoï, est celle qui reconnaît la volonté du père comme origine de la vie. Celui qui vit dans la volonté du père comme un surgeon sur l'arbre, celui-là seul vit ; mais celui qui veut vivre à sa volonté, comme un surgeon arraché, celui-là meurt [1]. » L'arbre, c'est la nature universelle, le surgeon, c'est l'homme ; l'homme fait donc partie de cette universalité. Nous voici au panthéisme, et Bouddha lui-même n'est pas loin ; mais de christianisme je n'en vois plus. Résignation, simplification des idées, annulation des désirs, plus de regrets, plus d'aspirations ; la béatitude intellectuelle, le nirvâna et le fatalisme ! Un déluge d'eau tiède tombant sur les consciences et tournant sur le cœur des jeunes croyants.

Si l'on joint à cette doctrine religieuse la

---

1. Léon Tolstoï, *Court exposé de l'Évangile.*

morale absolument anarchique du personnage :
« Ne résistez pas au mal, ne jugez plus, ne tuez
pas. Donc pas de tribunaux, pas d'armée,
pas de prisons, de représailles publiques ou
privées, ni guerres, ni jugements[1] ! » l'on se rend
compte de la part involontaire que son œuvre
a eue dans la démolition de l'édifice religieux
que nous avaient légué nos pères. C'est de lui,
c'est de ses audacieuses affirmations, qu'est née
cette religion purement humaine dont nous
voyons des prêtres catholiques eux-mêmes
s'efforcer de devenir les chefs. Le socialisme
chrétien de l'abbé Garnier, fils dégénéré du
socialisme, fort maladif déjà, de M. de Mun,
a la marque de Tolstoï. Celui-ci a déteint sur
celui-là ; il a déteint sur bien d'autres sans
qu'il y ait eu rapprochement, sans même, peut-
être, que ses victimes aient eu connaissance
de lui.

Le tolstoïsme s'est répandu dans l'atmosphère de ce temps comme une odeur de vague
fumée à la suite de lointains incendies.

Il a envahi les âmes françaises, épuisées par
vingt années de poésies « renanesques » suivies
des essais manqués du christianisme scienti-

---

1. Vicomte E.-M. de Vogüé, op. cit. 333.

fique. Peu à peu il est devenu leur état normal... Son empire s'est manifesté sous mille formes.

Un des maîtres de la peinture moderne, M. Béraud, nous a montré le Christ crucifié sur la butte Montmartre, sous les yeux des courtisanes, lançant à la vieille société bourgeoise un regard de mépris. Des poètes l'ont conduit, ce même christ, sur les planches des théâtres ; MM. Haraucourt et Grandmougin, ont mis dans sa bouche des vers superbes ; mais ils ont fait parler l'homme, et l'homme seulement, oubliant à dessein que cet homme extraordinaire s'était donné le titre de fils de Dieu. Plus de religion écrite, plus de formules sacrées, un simple état d'âme, très vague, très chrétien, et pas du tout catholique.

Cet état d'âme, un littérateur non exempt de mérite a entrepris de le fixer dans un livre qui fit quelque bruit et qui a nom *le Devoir présent* [1]. Il a été le dernier mot de notre effondrement religieux. A ce titre il vaut qu'on s'y arrête. Nous allons savoir enfin par lui quelle est la forme moderne de la « foi simple », quels sont ses éléments et ses consolations...

1. *Le Devoir présent*, par Paul Desjardins.

« Avons-nous une destinée ? » se demande l'auteur. Et il répond : « Je professe en toute certitude que l'humanité vit pour quelque chose. Mais que faut-il entendre au juste sous ce mot d'humanité ? Je n'en sais en somme rien... Que faut-il entendre sous ce mot de destinée ? Je n'en sais pas beaucoup davantage... » Un pareil état d'âme n'a pas le plus petit rapport avec la foi du charbonnier. En revanche il confine à l'anémie intellectuelle pure et simple.

Le vide que je constate au milieu des décombres d'une maison démolie, est là tout entier... L'œil de M. Desjardins ne voit plus ce qui n'est plus... Il étudie la société française, et il s'étonne qu'elle ne « vive que de sensations ». Et de quoi diable veut-il qu'elle vive ? Est-ce que le renanisme, est-ce que l'avortement du christianisme scientifique, est-ce que le tolstoïsme ont laissé debout dans le domaine religieux autre chose que des sensations ? Où sont les limites de la responsabilité humaine ? qu'en ont-ils fait ? Ils ont, volontairement ou non, passé les églises sous silence, enterré les catéchismes... Ils nous ont laissé notre moi, mais pas autre chose avec...

Dans son trouble l'auteur du *Devoir présent*

recherche en quoi consiste la « foi simple ». Sa réponse est qu'il faut croire à l'avenir social du monde. « Il n'y aura tantôt plus un jeune homme en France, nous dit-il, qui puisse se croire destitué de choses à entreprendre. » Foin de notre origine, du pourquoi et du comment nous avons été mis au monde, du sort qui nous attend après la mort. Rien de tout cela ne vaut. L'avenir, le but, c'est, le dirais-je sans rire ? la conquête de l'Afrique (page 30). « Du sang coulera ; des femmes murmureront d'un cœur oppressé des noms barbares que nous ne savons pas encore : une nouvelle légende de douleurs sera formée, une chevalerie peut-être va naître ! » C'est aussi le groupement des individus en syndicats, en sociétés coopératives, en ligues, en compagnies. « Jamais, dit M. Desjardins, depuis l'établissement des ordres monastiques on n'avait vu une telle ferveur d'union de par le monde. » Et ces institutions humaines, M. Desjardins les appelle chrétiennement « des églises » !

La voilà, cette religion universelle qui doit réconforter la terre ! Quand je mourrai, mon confesseur laïque me dira : « Mon fils ! songe que tu es syndiqué ! » Et je mourrai content. J'aurai créé ma religion, de pied en cap, sans aucun secours, sans tradition, sans révélation. Malheureusement pour cette religion-là comme pour les autres, « il faut avoir une âme », et les Français ne l'ont pas encore, paraît-il. « Ils sont seulement à la veille d'en avoir une. »

— Sous quelle forme se manifestera cette âme? Sera-ce la forme catholique, la forme protestante, la forme mahométane, la forme bouddhique? Stupide question ! L'âme nouvelle aura conscience d'elle-même et cela lui suffira... « L'union religieuse des hommes, impossible sur la base des croyances doit se faire dorénavant sur celle des actions[1] ». Car « les formules sont un grand mal ». Et nous voilà êtres religieux dégénérés, arrivés, sans nous en douter, à l'âme sans paroles, au mysticisme égoïste, au nuage et à la brume humanitaires. — Écoutez quelques-uns des commandements de la foi simple; M. Desjardins les a classés : 1° pas de formule; 2° plus d'ironie; 3° plus de littérature pornographique : 4° affirmer le bien, flétrir le mal; 5° avoir l'âme haute :

---

1. Paroles de M. P. Hoffmann, professeur de l'Université de Gand, en tête de sa traduction des discours publiés par les Sociétés américaines (*Free religious association. — Societies for ethical culture*).

6° s'associer à toutes les entreprises d'amélioration sociale ; 7° croire que la foi est purement et simplement la conscience en nous de notre progrès moral ; 8° se faire un « Christ intérieur » ; 9° exercer la charité non par l'aumône, mais par le redressement de son idéal de vie. Et après cette énumération l'auteur du *Devoir présent* nous crie d'une voix désespérée : « Redisons de toute notre énergie la prière chrétienne : que le règne de Dieu arrive. »

Je défie que l'on trouve nulle part un plus parfait galimatias d'impressions, d'idées, de doutes et de crédulité. Celui qui a pensé ces choses est bien le cornac de ce christianisme anémié, sans queue ni tête, qui remue encore sous les ruines de notre édifice religieux. Car il y a quelque chose de chrétien dans ces folichonneries. Renan avait gardé la physionomie d'un séminariste. Les chrétiens désemparés de ce temps ont conservé l'aspect de leur christianisme. Nos ruines religieuses sentent encore l'eau bénite et l'encens.

Le spectacle que nous donnons au monde est celui d'un peuple dont tous les autels ont été abattus, dont toutes les croyances ont été bafouées.

Plus de foi naïve. Plus de religion écrite...
Des croyants qui croient mal et des incrédules
se figurant qu'ils croient à quelque chose ; des
évêques nommés par des francs-maçons, des
lois dont toute pensée chrétienne est bannie
comme une peste, et je vous demande, Français,
mes compatriotes, à quelle effroyable culbute
notre vieille religion nationale faite de mystères proclamés vérités, et de dogmes intan-
gibles est en train de courir.

Il se peut que la religion soit éternelle, mais
force nous est d'avouer que, en France, en cette
fin de siècle, grâce à l'anémie cérébrale des
prêtres chargés de la faire vivre, et à l'orgueil
naïf des lettrés, son masque commence à
revêtir de mortelles pâleurs.

CHAPITRE III

LE BRANLE-BAS INTELLECTUEL

I

Comment le verbe d'un peuple socialement et religieusement aussi ébranlé que le nôtre aurait-il pu demeurer sonore ?

Il eût fallu que la parole n'eût pas été donnée à l'homme pour exprimer sa pensée...

La littérature, la poésie, le théâtre, la peinture devaient nécessairement accompagner de notes folles les derniers tournoiements d'une société aux prises avec la mort.

Max Nordau, l'homme de ce temps qui peut-être a vu de l'œil le plus sain les ombres dans lesquelles notre lumineuse intellectualité s'est perdue, attribue cette disparition à ce qu'il appelle « l'Égotisme ». L'Égotisme est cette absorption du moi, causée par la faiblesse des impulsions du système nerveux, ou par celles des muscles transmetteurs de ces mêmes impulsions. Repliés sur eux, physiquement dégénérés, les Égotistes n'auraient eu ni la force de comparer les enseignements des maîtres, ni celle de s'adapter leurs méthodes.

A l'instar de Nordau, je ne suis pas éloigné de croire que le moment soit venu d'autopsier les littérateurs et les artistes, comme on autopsie les criminels, pour peser leur cervelle, pour mesurer la capacité de leur boîte crânienne. Il est probable que le crâne d'un décadent, d'un symboliste ou d'un rose-croix, offrirait autant de difformités que celui d'un Troppmann. Mais n'étant ni médecin ni aliéniste, je cherche ailleurs le signe de leur filiation intellectuelle.

Or rien ne naît de soi en ce monde. Je crois au processus, au *genuit autem*. Il suffit d'un ver blanc pour engendrer des millions de vers blancs. Il a suffi dans toutes les branches de l'intellectualité de deux ou trois types issus du bouillonnement social, pour produire la génération littéraire et artistique que nous voyons. Ces types eux-mêmes sont

les fruits obligés de certaines atmosphères.
Venus au monde entre 1852 et 1870, on
retrouve en eux les caractéristiques du régime
politico-social sous lequel ils sont nés.

1° L'ironie du bien ;
2° Le goût de la mystification ;
3° Le dédain des choses religieuses ;
4° L'orgueil.

Ils ont développé outrageusement les germes :
ils ne les ont pas créés. Nous constaterons
ceux-ci tour à tour comme autant de stigmates,
chez les chefs d'école, poètes, romanciers, dramaturges, peintres, musiciens. Leur descendance a exagéré leurs défauts. Trente ans après,
l'ironie du bien est devenue l'amour du mal,
le goût de la mystification s'est changé en dégoût du naturel ; le dédain des idées religieuses
a tourné au « diabolisme »; l'orgueil s'est effon-
dré dans une incommensurable sottise. Et voici
que toutes ces dégénérescences se sont conden-
sées dans un immense effondrement littéraire
et artistique. Du haut de nos glorieux souve-
nirs, ces jeunes Philistins nous font assister à
la ruine du vieil esprit français, le plus clair,
le plus raisonnable de tous les esprits.

Des poètes sont venues les premières secousses. Théophile Gautier, Baudelaire, Catulle Mendès, Mallarmé, Verlaine, Montesquiou sont atteints du même mal. Le chaînon commence par un anneau d'acier et finit par un fil de laiton.

Leur théorie se résume ainsi : « Perfection de la forme et impassibilité. » — « Le poète est un clavecin et rien de plus. Chaque idée qui passe pose son doigt sur une touche : la touche résonne et donne sa note, voilà tout [1]. » On ne se moque pas plus agréablement du monde ; le chef des poètes contemporains entend être pris pour un musicien. Et en vérité il n'est que cela. Il ne soupçonne ni les joies ni les douleurs du monde extérieur. Il ne ressent rien à leur aspect. Les seules émotions dont il soit capable sont celles de l'orgueil et de la lascivité. *Les Grotesques* et *Mademoiselle de Maupin*! Et sur son œuvre entière bruissera comme un souffle de mystification. Décadent! c'est lui-même qui se qualifiera ainsi. Il se drapera dans sa « décadence » comme un prêtre dans sa chape. Style de la décadence! Poésie décadente! « Langue marbrée des ver-

---

1. Théophile Gautier, *les Grotesques*.

deurs de la décomposition et comme faisandée du Bas-Empire romain... dernière forme de l'art grec tombé en déliquescence ! » Au moment où Gautier s'exprime ainsi, le second Empire crie aux Français que tous, sans exception, ils sont des êtres supérieurs ; et il inaugure le règne triomphal de la Cocotte. Décomposition sociale, abaissement de tout, même de l'amour ! Comment la poésie française aurait-elle reflété quelque chose de noble ?

A Gautier succède Baudelaire. Baudelaire est un Gautier supérieur ! Même indifférence des hommes et des choses. Même ironie ! Mêmes gouts lubriques ! Même impassibilité en face du bien ; mais une prédilection beaucoup plus marquée pour le mal et le répugnant ! La décadence est en plein progrès ! Lui aussi il exalte les « syllabes sonores » ; il traite « d'imbécile » tous ceux qui osent encore « penser ». « Si, dit-il, le poète a poursuivi un but moral, il a diminué sa force poétique, et il n'est pas imprudent de parier que son œuvre sera mauvaise [1]. »

1. *Les Fleurs du mal*, p. 22-23.

Ainsi dirigé, le Parnasse contemporain va s'acheminer vers une salle de fanfare ou à côté d'une belle trompette vibrante, mille clarinettes aiguës écorcheront les oreilles du passant. Lisez *les Fleurs du mal*; voici les enseignements que vous y trouverez :

> Je hais le mouvement qui déplace les lignes,
> Et jamais je ne pleure et jamais je ne ris [1].

Fi de la sensibilité! Fi du cœur! Baudelaire n'en a pas et il se moque de ceux qui en ont un. S'il rêve les yeux ouverts, que voit-il?

> D'immenses glaces éblouies
> Par tout ce qu'elles reflétaient,
> . . . .
> Et tout, même la couleur noire
> Semblait fourbi, clair, irisé.....
> . . . .
> Nul astre d'ailleurs, nuls vertiges
> De soleil, même au bas du ciel
> Pour illuminer ces prodiges
> . . . .
> Et sur ces mouvantes merveilles
> Planait (terrible nouveauté !
> Tout pour l'œil, rien pour les oreilles)
> Un silence d'éternité [2]!

1. *Les Hiboux.*
2. *Rêve parisien.*

Cela s'appelle en bon français, voir trouble, et avoir l'oreille dure. Mauvaise rétine, détestable tympan. Je cherche en vain l'idée claire, et même l'idée tout court. Je ne m'étonne plus que Baudelaire se soit tant ennuyé en ce monde.

> O mort, vieux capitaine, il est temps! Levons l'ancre!
> Ce pays nous ennuie, ô mort, appareillons[1]!

Il a véritablement horreur de la vie :

> O vers, noirs compagnons sans oreille et sans yeux,
> Voyez venir à vous un mort libre et joyeux[2]!

Et cette horreur, il va la communiquer à toute sa génération; il la chantera! il l'exaltera! Ses vers ne seront qu'une longue suite de dégoûts. A sa maîtresse, il dira en passant près d'une charogne :

> — Et pourtant vous serez semblable à cette ordure,
>   A cette horrible infection,
> Étoile de mes yeux, soleil de ma nature,
>   Vous, mon ange et ma passion[3]!

1. *Le Voyage.*
2. *Un Mort joyeux.*
3. *Une Charogne.*

Ces dégoûts tourneront bientôt à la glorification du mal et au sadisme. Une femme a été assassinée : anxieux, le poète la questionne :

> L'homme vindicatif, que tu n'as pu, vivante
> Malgré tant d'amour, assouvir,
> Combla-t-il sur ta chair, inerte et complaisante,
> L'immensité de son désir [1]!

La courtisane ne répondra pas, puisqu'elle est morte. Pourquoi dès lors, cette curiosité, si ce n'est pour salir sa propre imagination?

Du marquis de Sade à Satan, la distance n'est pas grande. Ces deux déchus sont frères. Baudelaire terminera son œuvre par une litanie adressée à son ancêtre :

> Gloire et louange à toi, Satan, dans les hauteurs
> Du ciel, où tu régnas et dans les profondeurs
> De l'enfer, où, vaincu, tu rêves en silence!
> Fais que mon âme un jour, sous l'arbre de science,
> Près de toi se repose... [2].

Si dans l'autre monde Satan refuse de loger Baudelaire dans son palais, c'est qu'en vérité il n'est guère hospitalier! En attendant, Baudelaire a parcouru en celui-ci toutes les gam-

1. *Une Martyre.*
2. *Les Litanies de Satan.*

mes de la névrose d'une voix suffisamment
enchanteresse pour faire tendre l'oreille à tous
les mélomanes. Baudelaire était-il un dégénéré? Alors, son amour du mal aurait une
excuse. Malheureusement, il faut voir en lui
quelque chose de pire « un simple mystificateur ». « Fidèle à son douloureux programme,
dit-il de lui-même, l'auteur a dû, en parfait
comédien, façonner son esprit à tous les sophis-
mes, comme à toutes les corruptions [1] ». Et
cela est parfaitement vrai. Tourner toutes choses
en dérision ! Stigmate du régime impérial !
« Épater » toute une génération ! C'est de cette
époque que date l'introduction dans la langue
du verbe épater; à des situations nouvelles il
faut des mots nouveaux. Tout en ce temps-là
était à « l'épatement » ! Épater l'Europe! Épater
la France! Épater Paris! Épater l'étranger! à
tout prix il fallait saisir le spectateur comme
le feu saisit un rôti. Baudelaire fut le mystificateur type, le poète de l'épatement !

Après lui et à sa suite, la poésie décadente
tombe dans le fretin. Lui, du moins, avait la
« puissance du mal », la puissance de l'im-

---

1. Note placée en tête de la première édition des *Fleurs du
mal*.

puissance qu'il chantait; les autres exagéreront sa méthode. De luxurieux ils deviendront pornographes; leurs « sonorités » seront des cris de ouistiti, et leur sadisme aboutira à la messe noire[1]. Le cadre de cette étude ne comporte pas l'analyse de leurs œuvres. Je ne parlerai que des hommes de lettres qui ont marqué une étape dans l'effondrement poétique.

Catulle Mendès fut le disciple fidèle. Successeur immédiat de Baudelaire, il voulut, lui aussi, être un mystificateur. Il n'en eut pas la force; pris au piège de sa propre ironie, d'ironiste, il devint un convaincu. C'est sans rire et même sans sourire qu'il a écrit des pièces de vers entières, contenant vingt strophes où des noms de femmes sont enfilés les uns au bout des autres, comme les grains d'un chapelet[2]. Ces deux ou trois cents noms font la joie de son oreille; il invite très sérieusement les Français à admirer la poésie de leurs sonorités. Mais personnellement il est surtout un « érotique ». Son érotisme n'est point badin, il est sadique, et volontairement tel. A quelle

1. *La Messe-noire*, par M. Huysmans.
2. Imprimées dans *l'Echo de Paris*, 8 juillet 1892.

influence faut-il l'attribuer? Serait-ce à celle
des sons? Son prénom est Catulle, et Catulle
fut le premier des poëtes latins érotiques? Qui
sait? N'est-il pas de l'école où les sons créent
les idées! En tout cas, il faut y voir une des
formes de la mystification préconisée par Baudelaire, à l'aide de laquelle ses descendants
exploitent aujourd'hui encore le peu de matière
intellectuelle qui nous reste. Qu'on lise la
sérénade qu'il intitule *Pantaléïa* [1]. La beauté
type est désirée par la nature entière. Les
monstres marins, les bêtes des bois, les oi-
seaux, les gazelles, Diane, les faunes, les hommes, les poëtes, les conquérants, les vierges,
les adolescents, les vieux, tour à tour

> ... lèchent ses pieds d'argent...
> Mais Pantaléïa, calme, a fait signe que non...

Voici pourquoi :

> Elle se contemplait avec idolâtrie!
> Son regard indolent, nuage où dort l'éclair,
> Mesure de son corps la belle symétrie.
> Ses deux bras éployés se frôlent parmi l'air,
> Sa tête fière plane, et son âme se noie
> Dans l'éblouissement sublime de la chair!

1. *Pantaléïa*, sérénades et pagodes, par Catulle Mendès.

Elle ne dissimule pas qu'elle veut être le seul artisan de son bonheur. Elle dit :

> Mes seuls yeux, jusqu'au bout du temps illimité,
> Sans que jamais leur feu ne s'apaise ou ne dorme,
> Posséderont mon corps par mon corps convoité...

Nous sommes en vue de Lesbos ; une minute encore et nous allons y atterrir. Les passagers du bateau sont cent prélats [1] jouisseurs et libidineux :

> Ils craignent qu'un plaisir de l'autre ne les sèvre,
> Et par le doute impur qui leur crispe la lèvre
> S'accroît leur double faim des viandes et des chairs.

Enfin ils sont arrivés. Voici ce qu'ils voient :

> La jeune fille, sur sa couche,
> Pâle, dormait. On s'écarta,
> Et Jésus la ressuscita.
> — Combien de fois ? » dit sœur Nitouche,
> Au couvent de Sainte-Vesta [2]

« Combien de fois ! » — Que cette sœur Nitouche était une innocente vierge ! Et combien M. Mendès respecte Jésus ! Satan lui-même ne blasphéma jamais mieux !

1. Intermède. Triptyque. Agape cardinale, par Catulle Mendès.
2. *L'Ingénue*, par Catulle Mendès.

De Catulle Mendès, il nous faut passer directement aux symbolistes, en saluant pourtant au passage Jean Richepin. Ce descendant de Baudelaire, ce contemporain de Mendès eut du moins la puissance du rut! Ses *Blasphèmes*, pour sadiques qu'ils soient, respirent la révolte. Qu'il maudisse la création, Dieu, l'homme, la bête, il les maudit avec des vigueurs d'étalon. Sa conscience du mal n'est pas le fruit d'une dégénérescence d'esprit; elle résulte, ce qui est pire, de sa volonté. Il y a du Lucifer en lui, du Lucifer vaincu, mais non terrassé. Il représente l'orgueil insolent de toute une génération qui a déraillé, la poésie luttant, regimbant à coups de malédictions et d'injures contre la nature et son créateur!

Les alcooliques ou n'ont pas d'enfants, ou ceux qu'ils font sont malingres, bossus et poitrinaires. Les poètes enivrés d'eux-mêmes, de luxure, et de boissons contre nature devaient faire et ils ont fait des poétaillons insolents, pornographes et hystériques. Les « symbolistes » ont été les produits anémiés de Théophile Gautier, de Baudelaire et de Mendès.

Nés dans un café du boulevard en l'an de grâce 1880, entre deux ou plusieurs bocks, ils ne sont pas une réaction, ils sont le fruit nécessaire de la dépravation intellectuelle de leurs devanciers. Remplis de dédain pour leurs semblables, mystificateurs par droit de naissance et par choix, exempts de vergogne, ne songeant qu'à eux et au bruit fait autour de leur personnage, ils vont être, non pas les courtisans, mais les flibustiers de la gloire. Toutes les taches ataviques, ils les résumeront en eux, l'ironie du bien, la volonté de mystifier, l'impossibilité de s'élever au-dessus de la contemplation de ce qui est bas, et un immense orgueil. De doctrine ils n'en ont aucune; de conception de la vie ils n'en ont pas davantage; ce sont des gueux au moral et au physique, des rouleurs de trottoirs s'habillant avec des fleurs, couchant avec des ombres et bâillant à la lune. Ignorants comme des carpes, au lieu de la vanité de l'esprit, ils ont « celle des sons [1] ». Leurs œuvres sont obscures jusqu'à l'incompréhensibilité, dévotes jusqu'à l'extrême niaiserie. Ils parlent le volapück et ils invoquent le nombril de Bouddha! Ils n'ont que des fuites d'idées, des dispositions d'esprit permettant le rêve, défendant le raisonnement.

1. Charles Morice, *la Littérature*.

Verlaine, leur modèle, parle avec fierté de cette luxure qui lui a valu la prison :

> ... Ce grand pêcheur eut des conduites
> Folles à ce point d'en devenir trop maladroites,
> Si bien que les tribunaux s'en mirent, — et les suites [1].

Une autre fois, il s'écrie :

> Je ne veux plus aimer que ma mère Marie;
> Tous les autres amours sont de commandement ...

Luxure et crédulité, voilà de quoi est faite sa poésie.

Mallarmé demi-Dieu ballonné qui n'est point encore parvenu à se dégonfler, est le type accompli de la poésie symboliste. Vous cherchez ses vers, vous ne les trouvez pas. Sa conception est si belle qu'il faut au produit une éternelle incubation. Son silence en est le propre symbole. Ses disciples l'ont sacré maître parce qu'il s'est contenté de leur exposer entre quatre murs son impuissance et son mépris des formules. Voilà une maîtrise acquise à peu de frais!

1. Paul Verlaine, *un Conte*.
2. Paul Verlaine, *Sagesse*.

Jean Moréas est le parfait mystificateur, celui qui se mystifie lui-même. C'est un seul poète en deux personnes l'une qui se gobe, l'autre qui ne se regarde pas sans rire. Et il enfile les mots, les adjectifs, les rimes sans autre motif que la mise en mouvement d'ondes sonores devant frapper d'abord le tympan des contemporains et par répercussion le cervelet de leurs descendants [1].

Le dernier et peut-être le plus curieux produit de l'école a été le comte Robert de Montesquiou. Il se croit issu de lui-même, tandis qu'il n'est qu'un reflet inconscient. Des mots, des sons, son œuvre immense [2] en fourmille; il les crée, il les sème. C'est à peine si le dictionnaire de l'Académie française à la main le lecteur arrive à en saisir le sens. S'il le saisissait où serait le symbole? Le poète intitule ses dernières rêveries sur les fleurs : *le Chef des odeurs suaves*. Qui est ce chef? Est-ce lui? Est-ce son poème? et pourquoi un chef d'odeurs? Parce que dans *Salammbô*, Flaubert nous a montré un personnage chargé de la direction et de l'administra-

1. Jean Moréas, *le Pèlerin passionné*.

2. *Les Chauves-souris*, grand in-octavo, 750 pages; *le Chef des odeurs suaves*, grand in-octavo, 530 pages.

tion des aromates. Alors il vous parlera de
« l'Immarcessible Lys » ou du « fol Hortensia » !
Or rien n'est moins immarcessible que le lys :
la moindre goutte d'eau le flétrit ; et je ne
sache pas une fleur plus gourmée, plus arron-
die, moins fantaisiste que l'hortensia. Je retrouve dans ce Parnassien récemment éclos,
cette « vanité des syllabes » [1] signalée par
Charles Morice qui a pris la place de la noble
fierté intellectuelle des poètes nés en des temps
où l'on n'avait pas encore inventé la formule :
ni Dieu ni maître.

L'école symboliste en général étouffe sous
l'orgueil ; ses disciples ont voulu se faire adorer,
ils sont tombés dans la démence littéraire. Il y
a du Nabuchodonosor en eux ; au lieu de se
croire devenus bœufs, ils se croient fils des muses
et du diable. Et la poésie moderne sous leur
impulsion se livre à une danse extraordinairement insexuelle, où les incubes s'enlacent aux
humains, vêtus de banderoles de mots. Des
ardentes spiritualités de Lamartine, des em-
portements de fraternité de Victor Hugo ; des
mâles amours de Musset, qu'ont-ils retenu ? Ils

---

1. *La littérature de tout à l'heure*, par Charles Morice.

ont tout renié, tout effacé. A la place, ils ont mis une poésie ataxique, une poésie gorgée de haschisch et d'antipirine. Sans faire un jeu de mot on peut dire d'elle qu'elle n'a plus le souffle. Elle sent la mort, et c'est une fin.

II

De la poésie passons au roman. Nous y retrouvons incrustés, tous les stigmates des maladies morales du second Empire. Les romanciers qui ont agi sur les mœurs et sur l'âme de ce temps ont été, sans exception, des ironistes du beau, du bien et du mal : ils ont mystifié leurs concitoyens, dédaigné Dieu et ils se sont installés sur un trône où ils ont convié les Français à les regarder. Pour s'être servis de moyens différents ils sont arrivés au résultat de leurs confrères, les poètes, à faire perdre la tête à ceux qui ont eu la sottise de prendre leur littérature au sérieux et à communiquer à leur génération des désespoirs de tout, des négations et par conséquence éloignée, des impuissances frôlant de très près la fin des êtres et des choses.

Deux écoles absolument opposées se sont disputé l'exploitation du roman, l'école naturaliste et celle qui n'a pas encore de nom, mais qui un jour portera certainement celui d'école mystificatrice. Les maîtres de la première sont les Goncourt et Zola; les maîtres de la seconde s'appellent Huysmans et Barrès. Sauf Guy de Maupassant qui s'élève au-dessus d'eux comme un soleil, tous les autres romanciers ne sont que des dérivés de ceux-là. Leur action sur les foules ou simplement sur « les intellectuels » a été immense.

Ce sont les démolisseurs-chefs de notre belle intellectualité. Un coup d'œil jeté sur leurs œuvres déterminera le point exact du brouillamini cérébral auquel ils nous ont conduits.

Les Goncourt sont les inventeurs du roman « autopsial ». Ils ont voulu être au roman contemporain, ce que le chirurgien est au médecin, cherchant à en faire une science exacte au lieu de le présenter comme le résultat d'une aperception. Ils ont traité la maladie humaine, comme Taine a traité la Révolution française jugeant par les faits, notant les plaies, faisant abstraction complète de ce souffle intérieur qui constitue la vie chez les hommes et l'âme chez les peuples. « La Du Barry » « madame de Pompadour » « Marie-Antoinette » « la société française pendant le directoire » ont été ouvertes. On nous a montré les abcès ; on nous a dissimulé les chairs vives. Même procédé pour les héroïnes ou pour les héros nés de leur imagination. Un bimbelotier a catalogué leur garde-robe, estimé leur écurie, prisé leur mobilier. Il a annoté « trente mille brochures, deux mille journaux »[1] et vogue la galère sur le flot du vice.

Les Goncourt ont vraiment démoralisé les lettres, en ce sens qu'ils y ont fait abstraction de tout sentiment moral. Plus rien n'est mal, si ce n'est de confondre un bahut Louis XIV avec un bahut Louis XVI, une moquette de Beauvais avec un tapis de Smyrne. Le prétexte de leur indifférence est de montrer la nature telle qu'elle est ; d'où le mot « naturalisme » lequel, dans leur bouche, est en contradiction absolue avec les prétentions qu'ils affichent. Car rien de moins naturel que cette suppression de la conscience, que cette absence de senti-

---

1. *Journal des Goncourt.*

mentalisme élevé. Quel est l'homme, si vicieux qu'on le suppose, qui n'ait eu son rêve? Ravachol, un instant au moins, s'est cru le martyr d'une idée... A plus forte raison, les braves gens nés tels, qui se laissent aller au cours d'une existence douce et simple se perdent-ils vingt fois par jour dans les nuages, coagulés par leur imagination... Séparer le rêve de la réalité, c'est séparer l'âme du corps c'est-à-dire mourir ou faire mourir...

Ce n'est pas « naturellement » qu'un écrivain opère cette disjonction, son bon sens s'y oppose; seul son calcul la lui fait faire.

En 1864, les Goncourt publient l'histoire de *Germinie Lacerteux*. Une fille des champs arrive à Paris; elle entre en qualité de bonne chez une vieille chanoinesse et s'attache à elle. A dix-huit ans l'Érotisme monte en Germinie comme la sève dans l'arbre. D'abord elle devient amoureuse de son confesseur. Elle passe ensuite à un nommé Jupillon, un gosse, l'enfant d'une crémière. Elle le « chouchoutte »; elle l'entretient. Bientôt elle accouche; elle est atteinte par une fièvre puerpérale. Elle se remet. Son enfant meurt. De désespoir elle s'enivre. Jupillon la suce comme une sangsue. Elle vole vingt francs à la chanoinesse. Jupillon l'abandonne. Elle se venge en couchant avec Gautruche, un vieux peintre ivrogne. Puis elle revient sans motif à Jupillon, pour lequel elle s'endette de deux mille quatre cents francs. Abandonnée, maltraitée, de dépit elle se jette dans la prostitution et finit à l'hôpital où elle meurt d'une maladie de poitrine. — Toutes ces saletés qui furent les saletés initiales des deux chefs de l'école naturaliste avaient du moins l'avantage d'être traversées par une sentimentalité de campagnarde naïve, foncièrement honnête et que seule la poussée du sang d'abord, l'ignominie des mâles ensuite avaient conduite à la décomposition de son être moral... Un reste de bon sens et de pitié planait sur l'œuvre.

Treize ans plus tard, en 1877, Edmond de Goncourt publie *la Fille Élisa*! Encore une fille! Toujours une fille! L'auteur a volontairement glissé cette fois dans la négation de son prétendu naturalisme. Plus de sentimentalité quelconque! Le public s'est plu à l'étalage des choses sales; le public en aura jusqu'à la gueule. Pas l'ombre d'intrigue! D'état d'âme, absolument aucun! Une vie de « gadoue » qui commence dans l'ordure et qui finit dans l'ordure! Une suite d'états maladifs et c'est tout!

De ci de là des descriptions minutieuses ou le romancier suivant son expression « pique l'adjectif ». Bouges de province, maisons pénitentiaires, cloaques immondes n'ont plus de secrets pour le lecteur ! Ils sont décrits, étalés, mis à nu ! Et voilà le prétendu naturalisme ! Traduisez: Voilà la littérature qui rapporte des billets de mille francs! Celle qui a pour base l'ironie du bien !

Émile Zola n'a été que le continuateur des Goncourt. Mais de ce qui pouvait être considéré chez eux comme une corruption d'esprit personnelle, il a fait une littérature. Son puissant génie a donné à l'invention une forme scolastique ; c'est à la fois sa gloire et son crime. Dire qu'il a créé « le réalisme » serait faire injure à Molière. Dire qu'il a créé « le naturalisme » est une bêtise ; de même que les Goncourt, il l'a dépiécé. Qu'a-t-il donc créé? Tout simplement « le descriptivisme ». Plus « attentif aux mots qu'aux choses » [1] il a voulu être « un styliste » attribuant aux syllabes une valeur intrinsèque et ne faisant siennes que les idées représentant une réalité matérielle.

. Ferdinand Brunetière, *le Roman naturaliste*, page 275.

Zola a été le contraire d'un psychologue, le contraire d'un symboliste... Ce qu'il est d'un bout à l'autre de son œuvre, c'est un merveilleux « impressionniste ». De tous ses personnages se dégage une impression qui vous répugne souvent, mais qui toujours vous empoigne. Et voilà précisément le point initial du brouhaha intellectuel auquel il nous a conduits. Il n'a appliqué sa méthode qu'à des types vulgaires, souvent ignobles, indifférents aux lois divines et humaines n'obéissant qu'aux poussées de leurs corps. A ce choix je ne vois qu'un motif, l'exploitation du public. Le goût du lucre ! La volonté de gagner de l'argent. Que ce soit sur le dos de la vertu, de l'art, de Dieu ou du diable qu'importe, pourvu que l'on s'enrichisse ! La mystification, stigmate de ce temps, la voilà ! Et partant de ce principe il a travaillé sur le vice, lequel est l'horizon inconscient de la plupart des tempéraments humains « à la façon de la chambre obscure et de la plaque sensible [1] ».

Or, le vice a revêtu des formes particulières en cette fin de siècle. Victime de sa méthode, Zola a été le prisonnier de ces formes. D'un

____

1. Max Nordau, *Dégénérescence*, t. II, page 116.

bout à l'autre de son œuvre nous retrouvons le caractère sadique, antireligieux, sceptique du vice contemporain. Il n'y est question que de « sexualité, d'enlacements, de bestialité, de passivisme, d'accouplements d'animaux ! » Thérèse Raquin, Gervaise, la nièce du docteur Pascal ont des folies de rut ! Max Nordau [1] a remarqué que la vue du linge de femme procure à Zola une excitation particulière ; c'est ce que nous appelons nous, la folie « des dessous », folie qui a atteint de nos jours jusqu'aux filles de la campagne.

Son ironie antireligieuse n'est qu'un reflet elle aussi, le reflet du « renanisme », ironie douce, mais qui l'emporte toujours sur la foi. Dans son roman *la Terre*, il donne le sobriquet de « Jésus-Christ » à un paysan voluptueux ; pourquoi ? Le docteur Pascal, qui débauche sa nièce, commence par la déchristianiser ; pourquoi ? Les prairies, les cascades de Lourdes, l'atmosphère qui l'entoure sont les éléments naturels d'une fabrique de miracles ; pourquoi ? Dans l'étude qu'il intitule *le Rêve* c'est un fils d'évêque qui est l'objet de ce rêve fait par une fillette ; pourquoi ? Toutes ces ironies

---

1. Max Nordau, *Dégénérescence*, page 156, t. II.

ne sont pas des obsessions de conscience, de
raisonnement; ce sont de simples achemine-
ments vers la grande exploitation des esprits.
Il faut à l'auteur des milieux afin de pouvoir
parler de la messe, des processions, des confes-
sionaux; il les crée. Autant d'aides qui alimenteront la copie et par conséquent le compte
courant chez l'éditeur. Rien n'échappera à son
scepticisme, et il sera vraiment le premier
moqueur du monde de son temps. Il lui présentera des déments, des criminels, des pros-
tituées que leur nature morbide met en dehors
de l'espèce, et les Français courront au-devant
de ces dégénérés comme dans les foires ils
courent au musée des horreurs. Voilà comment
pour remplir la bourse d'un homme de talent
toute une génération d'hommes a été amenée
à croire qu'il n'y a plus rien de bien ni
d'honnête en ce monde. Zola a non seulement
démoralisé ce temps par les spectacles qu'il lui
a offerts, mais il l'a surtout attristé. De Français
gais, spirituels, légers et bons enfants, il a
fait des mastodontes, raisonneurs, déraisonnant,
et pesant cinq cents kilos. Et cela moins que
tout le reste on ne saurait le lui pardonner.

En face de l'école dite naturaliste s'est

dressée l'école mystificatrice, celle des pince-sans-rire. Elle a eu pour chefs Huysmans et Barrès. Ceux-là ne sont pas des exploiteurs de librairie. Ils n'ont pas l'amour immodéré de l'argent. Ils se complaisent dans le dilettantisme joyeux et ils consument leur incontestable talent en fumisteries intellectuelles. Je ne leur fais pas l'injure d'admettre qu'ils aient cru un seul instant aux sornettes débitées dans leurs romans. Ils se sont contentés de nous prendre pour des imbéciles, ce en quoi ils n'ont pas eu tout à fait tort; leur littérature a été gobée par les cerveaux comme les huîtres le sont par les estomacs, sans mâchonnement et la génération presque à son insu a été gorgée d'ironie et de scepticisme.

Huysmans a construit de toutes pièces l'homme nouveau. Son « Des Esseintes [1] » se montre aux Français tel qu'il est et surtout tel qu'ils sont : gringalet, anémique, épuisé, coquin. Énervé par le spectacle de l'humanité il se fait solitaire, un solitaire égoïste, ratatiné, dégoûté de la vie, qui logiquement finirait par le suicide s'il avait la force de charger un pistolet. Il écoute les parfums, il respire les sons,

1. Nom que porte le héros du roman intitulé *A Rebours*.

il touche les idées. Tout est contre nature en lui; et l'on sent qu'il habite aux portes de Sodome. Une chose, une seule, le domine, l'amour du mal. Un jour, il emmène un enfant de seize ans dans un lupanar pour « préparer dit-il, un voleur et un assassin! » Et Des Esseintes rentre chez lui, fier d'avoir souillé un être par qui dans l'impossibilité matérielle de se payer à l'avenir les mêmes jouissances deviendra l'ennemi d'un ordre social qui les lui interdit. A qui, à quoi peut bien croire un esprit irréfléchi (et celui-ci est légion) qui a fait connaissance avec Des Esseintes? Et si en outre il s'est laissé conduire à la célébration de la « messe noire » décrite dans ce livre que l'auteur a intitulé *Là-bas*[1], il se convaincra que les mystères les plus purs de la religion catholique sont d'ignobles saletés où les prêtres de Satan passent leur temps à s'enlacer à des femmes hystériques !

Maurice Barrès descend d'Huysmans comme Zola est issu des Goncourt. Au lieu de photographier un type idéal de décadent il s'est photographié lui-même. A ses contemporains

____

1. *Là-bas*, par Huysmans

il dit : « Regardez-moi, vous vous reconnaîtrez. »
C'est ici qu'apparaît clair comme le soleil, ce
stigmate de l'intellectualité contemporaine,
l'orgueil. Son moi! Montrer son moi! Étudier
son moi! Ces gens-là ne se sont donc jamais
regardés dans une glace! Que nous fait le moi
de M. Barrès[1]? « Un peu lettré, orgueilleux,
raffiné et désarmé » dit-il de lui-même! Et il
se plaint « de froissements psychiques ». S'a-
dressant à ses concitoyens : « Vous en éprou-
vez aussi et beaucoup ». « Affranchissez l'instinct, leur crie-t-il, la passion, l'inconscient! »
De l'instinct à la bête il n'y a pas loin et
l'homme libre[2] de M. Barrès offre plus d'une
ressemblance avec un serin déplumé. Nour-
ries de ces principes, ses héroïnes seront de
simples catins, ses héros de vrais polissons.
Dans *l'Ennemi des lois*[3] la petite princesse
« aime les enfants moins que les chiens », mais
elle adore les hommes et elle se livre à eux.
Bérénice[4] une des maîtresses de M. Barrès a
aimé un certain M. de Transe, son premier

1. Maurice Barrès, *Examen de trois idéologies*. Paris 1892,
p. 13.

2.   *Id.*,   *un Homme libre*, Paris 1889.

3.   *Id.*,   *l'Ennemi des lois*, Paris 1889,

4.   *Id.*,   *le Jardin de Bérénice*, Paris 1889.

amant. L'auteur savoure sur ses lèvres pâles « la trace des baisers de M. de Transe ». Plus tard Petite-Secousse (lisez Bérénice), se livrera à d'abominables pratiques; celles-ci feront monter la volupté aux veines du romancier. Son moi sera satisfait: il le félicitera d'avoir cédé à l'instinct de saloperie que tout mâle porte en lui.

Quelles pudeurs les romanciers contemporains n'ont-ils pas ternies? Les Goncourt et Zola ont détérioré la belle langue française et rabaissé les intelligences à la matérialité des objets et des sensations. Huysmans et Barrès ont détruit la conscience en substituant l'instinct à l'éducation et à la loi. Eux et leurs écoles, ils se sont moqués de cette sentimentalité qui est le parfum des cœurs et la poésie des esprits. Sous prétexte de nous faire vivre d'une vie réelle ils nous ont enlevé l'atmosphère. Ils nous ont mis sous une cloche pneumatique et nous ne respirons plus.

III

Quel a été le rôle des auteurs dramatiques dans cette confusion intellectuelle ?

Sans contester au théâtre en ces dernières années toute conception autochtone, il faut reconnaître que celui-ci a eu une très petite influence sur l'esprit français. C'est en vain que l'on y cherche des flagellations qui purifient ou des audaces qui entraînent. Quand Molière eut fait représenter *Tartufe*, les faux dévots disparurent. *Les Précieuses ridicules* furent le renversement de tous les hôtels de Rambouillet passés et futurs. En mettant à la scène le *Gendre de M. Poirier*, Augier a porté un coup droit à la noblesse fainéante au profit de la bourgeoisie enrichie. Mais depuis vingt ans quelle est la pièce qui ait été une grande leçon de choses? *L'Étrangère*, *Denise*, *Francillon* sont de charmants et exceptionnels spectacles ; ce ne sont pas ceux de la vie ordinaire d'une société ou d'une classe de cette société. Les drames, les comédies historiques de M. Sardou, si délicieux qu'ils soient, n'ont point enuré de tenailles dans nos ridicules ou dans nos vices. Seul M. Pailleron a su balayer les confectionneurs de bas bleus et démonétiser la bohème littéraire. *Le monde où l'on s'ennuie* et *Cabotins!* constituent des redressements intellectuels et sociaux! Mais d'une façon générale force est de reconnaître que nos grands hommes de théâtre ont laissé en place les idées et les formules.

En revanche les petits auteurs dramatiques ont tenté des efforts de destruction qui pour n'avoir que faiblement réussi n'en ont pas moins entamé le gros œuvre édifié par la saine et claire intelligence de nos devanciers.

M. Henri Becque vient en première ligne avec sa *Parisienne*. Jamais mobilité d'un cœur de femme n'avait été étalée avec cette désinvolture! Madame Du Mesnil, l'héroïne de la pièce trompe son mari, ce qui fut de tous les temps, puis trompe son amant ce qui fut également de toutes les époques; elle finit par se redonner à celui-ci après l'avoir envoyé voyager durant trois mois. Et l'auteur n'y voit rien à redire! Pourquoi une femme accepte rait-elle l'ennui d'aimer? A quoi bon un homme se montrerait-il jaloux de la femme qu'il aime? « La confiance, monsieur Lafont, la confiance, voilà le seul système qui réussisse avec nous[1]. » Si la Parisienne se reconnaît dans ce portrait c'est tant pis pour elle, mais c'est aussi tant pis pour nous. Un public que l'on habituerait à ces mascarades du cœur perdrait promptement la tête.

Une autre poussée de folie destructive fut faite en 1890 par MM. Paul Alexis et Oscar Méténier. La pièce s'appelait *Monsieur Betsy*[2]. Qu'imaginèrent les auteurs? De nous montrer dans un cirque un ménage à trois où le mari et l'amant jouissaient de leur bien en commun. Gilbert (l'amant) payait la dépense, plaçait les économies, égayait les époux: Henri (le mari) tenait compagnie à Gilbert et portait le manteau de l'écuyère. Peu à peu leur intimité s'accroît, ils deviennent inséparables... Une fois, il est vrai, la bamboche faillit les brouiller: ils ont eu la fatale idée l'un et l'autre

1. *La Parisienne*, par Henri Becque. Acte III, Scène VII. Théâtre de la Renaissance. 1885).

2. *Monsieur Betsy*, par Paul Alexis et Oscar Méténier. (Théâtre des Variétés 1890).

de s'amouracher de la bonne de Betsy! Un jour enfin Gilbert meurt: jour néfaste! Plus de distractions, plus d'échanges d'impressions; les soirées sont pesantes. Henri et sa femme se lamentent, ils analysent leur moi, ils reconnaissent la vraie cause de leur ennui, et ils tombent d'accord pour introduire dans le ménage un remplaçant de Gilbert. La démonstration est accomplie. La vie à trois est la seule supportable. L'apothéose de « l'Alphonsisme [1] » est faite; celui-ci est justifié par l'amour de la paix et l'on peut dire que la donnée de *Monsieur Betsy* est une fraternité comme une autre.

L'Invitée de M. de Curel [2] fut la tentative la plus déplorable faite jusqu'à ce jour pour défendre le sottisier féminin. Une femme est trompée par son mari; elle a deux fillettes de cinq et six ans. Elle quitte le domicile conjugal laissant ses enfants au père et elle s'en va vivre à Vienne non pas en coureuse d'aventures, mais en honnête bourgeoise. Elle y demeure

1. On désigne du nom d'*Alphonse* tout homme qui vit aux dépens de l'impudeur d'une femme.

2. *L'Invitée*, par François de Curel (Théâtre du Vaudeville 1892).

quinze ans, indifférente, ignorant qu'elle est mère, sans une émotion, sans un remords. Au bout de quinze ans, un ami secoue sa torpeur; il lui rappelle que ses filles arrivées à l'âge où elles devront être mariées ont besoin de l'appui de leur mère. Elle part et elle tombe à l'improviste sous le toit conjugal. Elle ne se fait pas connaître, elle voit ses filles, elle les fait parler, elle les regarde curieusement. Elle les trouve jolies, intelligentes; mais si elle rentre chez son mari, elle va aliéner sa liberté? Elle discute son cas, elle l'examine et l'amour maternel ne vibre en elle qu'au bout d'une demi-heure de discussion, de découpure de soi, de pesage et de sous-pesage. Jamais plus belle leçon d'égoïsme ne fut donnée aux femmes? Après le haut-fait de l'*Invitée* on se demande quel est celui dont elles seront incapables.

« Ibsen », que l'on est en train de jeter au travers de notre tradition psychologique comme une lumière nouvelle, y a déjà pénétré. On dirait qu'une rage de destruction anime le jeune clan des lettrés. Nous venons de voir sur une des grandes scènes de Paris sa *Mai-*

son de *Poupée* [1], lancée comme un défi à l'*École des Femmes*. Là aussi une femme abandonne mari et enfants. N'a-t-elle pas été trompée? N'allez pas croire pourtant que son mari soit un sacripan... Rien en lui d'un don Juan ou d'un Alphonse! Il est le plus fidèle des époux; mais il n'a pas l'âme haute que s'était figurée son épouse... Cette constatation justifie tous les abandons, toutes les fuites..... Madame retourne à son moi pour le cultiver et l'arroser. Quant aux enfants, ils s'élèveront tout seuls!...

Jusqu'ici la femme en France avait été laissée par la loi et par les mœurs dans la situation secondaire que la nature lui a assignée. Encore un peu et ses nervosités quelles qu'elles soient seront proclamées d'imprescriptibles droits! Quand, à nos folies, nous aurons ajouté la folie « ibsénique » nous n'aurons évidemment plus rien à désirer.

Si le venin du théâtre était aussi insinuant que celui du livre, si la sonorité des planches n'était pas plus bruyante que le frottement des pages d'un roman l'une contre l'autre, nul doute que les jeunes auteurs dramatiques nous eus-

1. Théâtre d'Ibsen, *la Maison de Poupée*.

sont montré la France et le monde les jambes
en l'air et la tête en bas. Le théâtre a fait ce
qu'il a pu pour briser les vieux moules ; il
s'est fait « égotiste », « réaliste » et « démolis-
seur de l'antique loi gallo-chrétienne ». S'il n'y
a pas réussi, c'est que les yeux et les oreilles
ont encore des pudeurs que le cerveau n'a
déjà plus !...

IV

La peinture n'a pas été en reste avec les
lettres. Elle a failli sombrer dans une vaste
fumisterie. Si elle demeure intacte, appuyée
sur des maîtres tels que Bonnat, Gérôme, Detaille, défiant du haut de leur classicisme toutes
les concurrences, ce n'est pas faute d'avoir été
attaquée. L'école « impressionniste » s'est tout
à coup dressée, il y a quelques années, contre
l'école « académique ». Plus de contours accusés, plus de couleurs réelles ; à la place des
formes indécises, des nuances de convention
destinées à faire ressortir ceci aux dépens de

cela. Qui dit impressionnisme dit volonté de donner au spectateur une impression. Cette volonté est incontestablement excellente. Le but de toute œuvre d'art méritant ce nom est une émotion... Or, l'émotion naît d'une surexcitation sensorielle produite non par telle partie d'une toile ou d'une statue mais par la toile ou la statue tout entière. Toutefois l'artiste ne donnera que ce qu'il a... Si ses aperceptions n'ont pas fait naître en lui l'émotivité qu'il cherche à communiquer. il aura beau fondre ses personnages dans la brume, les éloigner du rayon visuel des spectateurs. laisser inachevées leurs formes et les expressions de leurs physionomies, il accusera sa propre impuissance et rien de plus. Sans doute, les lumières et les couleurs fixées sur une toile ne sauraient être textuellement celles qui entourent l'objet réel ; l'atmosphère picturale est par elle-même une atmosphère factice... Mais la pénombre ne pourra pas devenir le jour, pas plus qu'un cheval rose ou lilas ne sera jamais l'expression « de la plus belle conquête que l'homme ait jamais faite ».

La méthode impressionniste pique çà et là des points lumineux, trace des raies étincelantes ; elle joue au plus fin avec la lumière :

elle n'a jamais avec elle cette belle et salutaire confiance calquée sur celle de la nature. Dès lors elle est trompeuse et par conséquent peu estimable. J'y retrouve tous les stigmates de ce temps : l'ironie, la mystification, le dédain des sentiments élevés, l'orgueil.

Un des fondateurs de l'école, le plus glorieux peut-être, est M. Henner. Qu'a-t-il prétendu réaliser ? La sensation de la vie avec des chairs de mort. Sa sainte Madeleine, sa religieuse, sa Diane, sont perdues dans des ombres de tombeaux. Des pieds à la tête, toutes les trois sont sans contours et elles apparaissent blêmes ou exsangues. Est-ce que le peintre les a vues telles ? Pas le moins du monde. Mais il a donné à ses personnages des physionomies de névrosées dans lesquelles se sont retrouvées toutes les lymphatiques de l'époque... M. Henner a exploité le cadavre !

Parlerai-je de M. Besnard ? de ses plafonds prismatiques, de ses femmes aux visages violacés, de ses amazones roses ou jaunes ! Que reste-t-il de sa vision au spectateur ébahi ? Une idée ? Fi ! Il lui reste le souvenir d'une débauche de couleurs, d'une griserie de reflets, d'un dédain inouï du vrai, d'une mystification qu'il s'appropriera et qu'il introduira dans sa vie. M. Besnard a exploité le mystificateur et le mystificateur est foule...

Je ne saurais passer sous silence les deux derniers nés de l'École, Whistler et La Gandara[1]. En eux se résume tout l'impressionnisme contemporain... Des femmes suspendues au ciel, des hommes marchant sur des nuages ! De la lumière, juste ce qu'il en faut pour que l'intention du peintre puisse être pénétrée ! Du dessin, pas l'ombre. Des contours, pas davantage. Le vague de la décadence, l'impossibilité de l'affirmation. Comprenez si vous pouvez.

Peintres impressionnistes ! peintres décadents ! Tous également fugaces ! tous également orgueilleux ! Ils se proclament Messies, et nous attendons toujours l'émotion artistique qu'ils doivent enfanter ! Eux aussi ils ont contribué au branle-bas intellectuel de ce temps, moins pourtant que les poètes et que les romanciers ; ceux-ci se sont adressés aux âmes ; ceux-là ne se sont adressés qu'aux yeux !

1. Voir les portraits de madame la princesse de Chimay et du comte Robert de Montesquiou, au salon du Champ-de-Mars de 1894.

6

V

Il me serait facile de montrer les mélomanes français travaillant, eux aussi, à l'abaissement de notre traditionnelle intellectualité. Tous nos maîtres de terroir, Rameau, Méhul, Boïeldieu. Berlioz, Auber, Ambroise Thomas, Gounod, Saint-Saëns avaient traité la musique à la façon des grands stylistes, orthographiant, ponctuant, cadençant, suivant les règles de l'esthétique, répandant sur leur œuvre les clartés de Molière ou de Corneille. Tout à coup Wagner paraît avec son admirable coupe dramatique et son infériorité mélodique. La musique n'est plus une langue; elle est une simple sonorité. Wagner s'en sert comme il se serait servi d'un rythme de poésie. Plus d'expressions spéciales pour la représentation d'une idée, d'un état d'âme ou de cœur. Un simple *Leitmotiv* qui domine tout un opéra, qui dans les situations les plus différentes, frappe sans cesse et de la même façon l'oreille de l'auditeur: qui lui rappelle au milieu d'une scène d'amour qu'il faut trembler, ou d'une scène de crainte qu'il faut aimer. Comme accompagnement, à ce *Leitmotiv*, un bavardage chanté ou orchestré jamais interrompu, ne permettant ni une respiration, ni un repos, ni une réflexion. Aussitôt tous les mélomanes d'abandonner notre vieille langue musicale. *Don Juan* n'est plus qu'une vieille guitare; *les Huguenots* sont un mélodrame de barrière; Mozart ne chante plus; Gounod n'attendrit plus. La musique n'est pas faite pour émouvoir, elle n'a d'autre but que de faire penser!

Le cadre de cette étude ne comporte pas la réfutation de cette théorie. Elle a pu germer dans le cerveau nuageux d'un Allemand; elle répugnera toujours à l'esprit clair des races latines. Ce que je tenais à établir c'est que ces intellectuels qui, en France, se qualifient de musiciens, ne pensent plus rien de ce que pensaient leurs devanciers: Peu de jeunes compositeurs, un ou deux au plus, se sont aventurés sur les traces de Wagner, mais la foule des mélomanes s'est élancée à la suite du maître tudesque, confondant si bien la musique avec le drame, que lorsqu'un grand mélodiste comme Verdi fait résonner à ses oreilles

les délicieuses harmonies d'un *Falstaff*, elle n'en goûte que très médiocrement les fraîcheurs et la richesse.

VI

En résumé, lorsque l'on tente de peser le degré d'intellectualité de la France en cette fin de siècle, l'on constate les démolitions suivantes :

De la poésie les poètes ont fait une sonorité.

Du roman, les romanciers ont fait une autopsie.

Du théâtre les auteurs dramatiques ont cherché à faire un outil de démolition.

La peinture a failli devenir une fabrique de prismes, et la musique ne sera bientôt plus peut-être qu'une simple prosodie.

On peut dire que l'esprit et que l'art sont renversés. Ce qui en subsiste repose sur l'argile. Peu s'en faut qu'il ne reste plus rien ni de l'un ni de l'autre. Nous avons affirmé notre orgueil notre volonté d'être ce que les autres n'ont été et nous avons cessé d'être des Français pour ressembler à tout le monde, surtout à ceux qui ne pensent pas, qui ne voient pas et qui ne sentent plus.

CHAPITRE IV

LE BRANLE-BAS MORAL

« Panama » ! « Wilson » ! « dépopulation » !
Qui sait ce que cachent ces trois mots, peut
mesurer l'étiage de notre état moral. Toutes
les tartuferies, tous les égoïsmes, toutes les
indifférences d'une nation jadis généreuse et
pétrie d'honneur y sont résumés. Notre affais-
sement est si certain, nous en avons tous à
un si haut point le sentiment, que d'en remonter la filiation ne nous apprendrait rien.
Nous avons assisté depuis vingt ans à notre
acheminement vers l'atrophie de la conscience
comme ces médecins stoïques qui notent minute par minute le plus ou moins d'intensité

des prodromes de leur mort. Nul Français ne peut dire qu'il ait été surpris par un coup de tonnerre révélateur. Notre démoralisation a été notée, enregistrée, dénoncée, fustigée. Jamais elle ne nous a fait pleurer, quelquefois elle nous a fait rire.

Un des signes qui la caractérisent c'est le silence de ceux qui avaient mission de nous gouverner, c'est-à-dire de nous conduire. Ils ont volontairement fait abstraction de l'âme pour ne songer qu'au corps. Ils ont effrité les cœurs au lieu d'y faciliter l'éclosion de l'amour ou de la haine. Stériliser, tel a été le but. La peur s'est mise en travers du patriotisme, la franc-maçonnerie en travers de la religiosité, la passion du lucre en travers de l'honneur.

Est-ce l'amour du mal qui les a guidés? Est-ce le scepticisme de citoyens désabusés? Il est plus probable que leur incapacité de louer ou de flétrir est le résultat d'une anémie atavique ayant commencé avec le règne de Louis-Philippe, pour atteindre quarante-cinq ans après son maximum de débilité. Et c'est pourquoi il faut les plaindre plus qu'il ne faut les vilipendier. Ils ont fait ce qu'ils ont pu : il leur était interdit de faire davantage. Les organes cérébraux et cardiaques ne fonctionnaient plus.

Ce n'est pas en vain que deux générations d'hommes assistent à la négation de tous les droits, à la destruction de tous les cadres. Ce n'est pas en vain qu'un Guizot leur crie : « Enrichissez-vous ! » ou qu'un empereur les proclame maîtres tous les matins au réveil. Le jour où elles se trouvent dans l'obligation de lutter, elles n'ont plus de jambes ou si elles en ont elles passent à l'ennemi.

Examinons, l'un après l'autre, les trois termes fatidiques : ils vont nous révéler le secret de notre détérioration ; car celle-ci y est prise en flagrant délit.

« Panama » est un mot chargé désormais d'ignominie. Son sens géographique a disparu pour faire place à l'expression d'un mépris. Je ne crois pas qu'il y ait dans aucune langue une modification objective qui puisse être comparée à celle-là. Le Panama n'est plus une isthme, c'est un vol. Du domaine géologique, Panama est passé dans le domaine judiciaire. L'expression demeurera attachée à ce temps comme celle de Tartufe au temps de Louis XIV. C'est qu'il en fallait une pour peindre cette vénalité particulière consistant dans l'exploitation de la domesticité enrichie par toute une clique d'anciens valets passés ministres. Le sou pour livre de la cuisinière floué par les vingt-cinq francs du député! Jamais volerie plus basse, plus distillée, ne fut organisée; elle tomba goutte à goutte sur la France, creusant son immoralité comme le fossoyeur creuse une tombe. Le milliard du Panama s'est fondu dans les alcôves de courtisanes, dans les maisons de jeux ou de prostitution, partout, excepté sur la languette de terre qui sépare les deux océans. Qui écrira l'histoire de ce temps en suivra les traces dans les antichambres des ministères, des députés et de presque tous ceux qui avaient pour mission de garder la moralité de la France. Ce sera la honte des hommes de cette fin de siècle d'avoir volé le pauvre!

Mais si honteuse, si dépourvue d'élégance et de propreté qu'ait été cette colossale flibusterie, il y a pire scandale; c'est la façon dont les directeurs de l'action publique l'ont étouffée et la facilité avec laquelle tous les Français ont accepté l'étouffement. C'est là qu'il faut constater le branle-bas de notre moralité. M. Floquet, président du Conseil, a subventionné les journaux officieux avec des chèques panamistes; le but était louable! M. Floquet est nommé sénateur. — M. Rouvier, ministre des finances, a remboursé, à l'aide de ces mêmes chèques, une avance de cent mille francs faite par un certain Vlasto à la France appauvrie; la charité est une belle chose! M. Rouvier est nommé député! — Et comme si les suffrages de quelques imbéciles suffisaient à refaire les virginités perdues, ce même Rouvier est appelé par les nouveaux législateurs de 1893, lesquels se targuent d'intégrité, à présider la commission du budget, c'est-à-dire à être l'administrateur-chef de l'épargne et de la dépense nationales.

Que dire de la complicité du chef de l'État et de ses auxiliaires pour sauver les faussaires du bagne? Les entrepreneurs de corruption, non seulement sont connus, mais encore ils se sont chargés de confesser leur ignominie en fuyant. Cornélius Herz et Arton se reposent ou se promènent à l'étranger. Le premier est si souffrant que l'on courrait risque de le tuer en le dérangeant. La Faculté de médecine est requise. Nos plus grands médecins partent; ils reviennent convaincus que le docteur Herz se meurt. Puis un beau jour le public apprend qu'un arrangement est intervenu entre le corrupteur et ses complices. Celui-ci a recouvré la santé, et la matière du délit n'existe plus. Nul ne proteste, nul ne se scandalise ; tout est pour le mieux dans la plus complète des immoralités. Le second possède à son acquit une condamnation de droit commun. Il a eu la sottise d'abuser de la confiance d'une Société de dynamite. Qu'à cela ne tienne ! Au lieu de se reposer sous les frais ombrages de la Tamise, il voyagera, tantôt en gueux, tantôt en grand seigneur, suivant les besoins de la cause. Un agent de police sera envoyé à sa suite avec l'ordre formel de ne jamais retrouver sa piste. Cet agent s'appelle Dupas ; son témoignage ne sera contesté par personne. Et il ne viendra à l'idée d'aucun député, d'aucun homme politique, je crois presque pouvoir dire d'aucun homme du monde, et en tout cas, très certainement d'aucun électeur de refuser la main à M. Ribot, ancien ministre des affaires étrangères et organisateur de cette fumisterie sinistre.

Quant à M. Carnot ? président de la République, directeur breveté de la moralité française, il a su toutes ces vilenies. Et il a eu vis-à-vis des panamistes l'attitude bienveillante de son prédécesseur, M. Grévy, vis-à-vis des marchands de décorations. Son crime a été mille fois plus malfaisant, non pas à cause du mobile qui l'a dicté, mais à cause de la matière sur laquelle s'est étendue son indulgence. Or, vous n'ôterez pas du cerveau d'un Français que M. Carnot n'a jamais cessé d'être un parfait honnête homme, tandis que M. Grévy a été un prévaricateur.

Tel est le progrès de notre moralité politique...

Passons à notre moralité électorale ; celle-ci n'est plus une moralité aristocratique, la moralité de quelques-uns, d'êtres ou particulièrement corrompus, ou plus sollicités que les simples citoyens par le vice ou par le lucre. C'est la moralité de tout le monde, celle qui, si l'on en croit Voltaire, devrait avoir plus d'esprit qu'aucune des autres. Or, voici de quelle façon son esprit se manifeste. Il y a de par le monde un précurseur, un *genuit autem*. Cet homme a inventé le trafic des consciences. Quel était son but ? Il importe peu. Cinq années durant il a introduit la vénalité entre les murs du palais habité par le chef de l'État. Il y a mis la croix d'honneur aux enchères : pour l'obtenir, il ne s'agissait que de verser le prix de la commission. De hauts fonctionnaires, d'anciens soldats, des généraux ont été mêlés à son trafic. La République faillit sombrer alors sous l'opprobre. Sept ans après, le suffrage de ses concitoyens appelle M. Wilson à l'honneur de faire les lois. Il a sa part dans la direction morale du pays. Il édictera des peines contre les voleurs ; il décrétera les louanges ; il formulera les blâmes ; il décidera les impôts. On se fie à son équité, à son honnêteté, à la délicatesse de sa conscience. Et comme nul fait, nul indice ne sont venus démentir ses prévarications, on est en droit strict de conclure qu'elles ont été ou incomprises ou absoutes Dans l'une et l'autre hypothèse, le désarroi moral de la nation apparaît clair comme la lumière.

D'aucuns, pour expliquer cet extraordinaire défaut de vergogne, prétendent que le suffrage universel, comme tous les despotes, a des goûts de ribauderie, lesquels s'allient parfaitement avec le sentiment de la grandeur française. Louis XIV et la Montespan ! Louis XV et la Dubarry ! Napoléon III et la Bellanger ! Et en regard de ces adultères de chair, ils vous jettent ces trois mots : Denain, Fontenoy, Solférino. Il ne serait que trop facile de leur rappeler que Denain avait été précédé d'Oudenarde, que Fontenoy fut suivi de Rosbach, Solférino de Sedan! La ribauderie intellectuelle, beaucoup plus que celle des sens, est interdite aux directeurs de nations, par cette raison que la première est homicide du prochain, lequel est légion, tandis que l'autre n'est homicide que de soi. — « L'État c'est moi » du roi-Soleil a déséquilibré la France : « L'Après nous le déluge » de « Louis le Bien Aimé », lui a valu les saturnales de 1793. Et le mot fameux de Napoléon III : « Les traités de 1815, je les déteste » a amené son démembrement. Ces trois phrases à elles seules lui ont fait plus de mal que la perte de l'Alsace. D'où je conclus qu'aucun souverain, si grand qu'on le suppose, n'est en droit de se payer sur le dos du peuple, de ces fantaisies macabres, qui sous des apparences de farces, constituent de véritables crimes. L'élection de M. Wilson est un symptôme morbide autrement inquiétant que l'accroissement du nombre des filles-mères ou de celui des alcooliques. Il prouve que chez nous l'âme est malade, et l'âme c'est le souffle, c'est la vie elle-même.

*
* *

Le troisième terme résumant notre effondrement moral, c'est le mot « dépopulation ».

Celui-là résonne comme un glas. Nous disparaissons peu à peu de la scène du monde, volontairement, par calcul. Les sauvages reculent devant la civilisation : celle-ci agit sur eux comme la sécheresse sur les végétaux. Au bout d'un certain temps elle les tue. Nous sommes les sauvages de l'Europe; l'antinomie de nos lois avec le développement naturel des sociétés, nous rend inaptes à la reproduction et par conséquent nous conduit à la mort.

Avant d'étayer sur des faits cette démonstration, voici pour éclairer la religion du lecteur la mesure exacte de notre sève nationale pendant ces dernières années :

FRANCE

Années.	Mariages.	Naissances.	Décès.	Excédent de naissances.	Excédent de décès.
1889.......	273.934	880.579	794.933	83.645	
1890.......	269.332	838.059	876.505	»	38.446
1891.......	285.458	866.377	876.882	»	10.505

RÉSUMÉ : 1° Au lieu de se peupler, la France est en voie de se dépeupler.

2° Les Français se marient de plus en plus et produisent de moins en moins d'enfants.

En regard de la France, plaçons les deux nations européennes qui semblent le plus souhaiter sa disparition.

1° ALLEMAGNE

Années.	Mariages.	Naissances.	Décès.	Excédent des naissances.	Excédent des décès.
1889....	347.835	1.838.435	1.218.936	619.485	»
1890....	356 536	1.820.264	1.260.917	560.246	»
1891....	399 308	1.903.160	1.227.409	675.751	»

2° ITALIE

Années.	Mariages.	Naissances.	Décès.	Excédent des naissances.	Excédent des décès.
1889....	221 972	1.193.142	812.018	381.129	»
1890....	227.646	1.125.220	838.028	207.192	»
1891....	228.299	1.176.138	839.687	336.835	»

RÉSUMÉ : L'Allemagne et l'Italie se marient de plus en plus et produisent de plus en plus d'enfants.

Tandis qu'en France les naissances sont dans la proportion de 22 par 1.000 habitants, elles sont dans la proportion de 38 par 1.000 en Italie, et dans celle de 42,70 dans l'Empire allemand.

D'un côté, impuissance et mort, de l'autre vigueur et vie.

Si cette anémie était le résultat de l'immoralité individuelle, nos crimes, nos délits, notre luxure, notre ivrognerie, devraient être en raison directe de la dépopulation. Comparativement à l'Allemagne et à l'Italie, nous occuperions le dernier échelon sur l'échelle de la vertu. Or c'est précisément le contraire qui se produit.

Voici un tableau comparatif établi d'après des documents officiels, que j'engage tous les moralistes à étudier.

CRIMES OU DÉLITS

Condamnations en 1888.

	France.	Allemagne.	Italie.
1° Assassinats. Total...	509	382	2.574
Par 100.000 habitants.	1,46	0,80	8,12
2° Coups et Blessures :			
Par 100.000 habitants.	71,62	151,70	245,90
3° Délits contre les Propriétés :			
Par 100.000 habitants.	114,79	177,36	71,78
4° Enfants naturels :			
Par 100 naissances. .	7,41	8,55	6,75
5° Suicides :			
Par million d'habitants.	105	112	80
Par 100.000 soldats. .	29	67	40
6° Divorce ou Séparations :			
Par 1.000 mariages. .	19,08	'.	
7° Ivrognerie :			
Nombre de litres d'alcool consommés par tête.	3,85	4,61	1

1. Il m'a été impossible de me procurer le chiffre officiel des divorces en Allemagne.

En Italie, le divorce n'existe pas. Mais l'Annuaire de la Suisse, pour 1893, donne le chiffre de 45 divorces pour mille mariages et la natalité y était de 27 par mille habitants à l'époque (1888) où en France elle n'était que de 22.

Tous ces critériums de moralité sont à l'avantage de la France comparée à l'Allemagne ; nous assassinons un peu plus que les Allemands (560 assassinats contre 382), mais nous nous donnons la moitié moins de coups ; nous respectons davantage la propriété individuelle, nous faisons un huitième de moins d'enfants naturels, nous attentons dans une moindre proportion à nos jours, et nous ne nous grisons que trois fois contre quatre.

Quant à la France et à l'Italie criminelles, elles se valent ; nous assassinons infiniment moins que les Italiens (360 assassinats contre 2.574) ; nous ne jouons pas comme eux du couteau, mais ils respectent davantage le bien d'autrui, ils ont plus que nous recours au mariage et ils sont extrêmement sobres.

Dans le premier cas, supériorité de moralité pour la France, dans le second cas, équivalence.

Or l'Allemagne et l'Italie font, la première, juste deux fois plus d'enfants que la France et la seconde une fois et trois quarts.

Il faut conclure de là que l'infécondité d'une nation n'est pas un signe de son immoralité, si l'on fait de ce mot la contre-partie du mot vertu. Et pourtant cette même infécondité est la marque d'un désordre moral ; la vie étant le but certain de la nature, tout calcul qui a pour effet de la limiter ou de la supprimer, est un calcul désordonné, confinant à une sorte de folie.

Force nous est de chercher ailleurs que dans le vice la raison de cette folie et de l'apercevoir là où elle est, dans ce stigmate intellectuel du siècle qui s'appelle l'orgueil. C'est cet orgueil qui a fait en nous, Français, la passion démesurée d'égalité pour la satisfaction de laquelle le Code a créé, entre les enfants d'une même famille, le partage égal des fortunes. Partage égal, suppression d'enfants ! Ces deux idées sont attelées l'une à l'autre dans le cerveau de tout Français ; plus le partage a eu lieu de fois, plus le Français raréfie sa progéniture. On cite des familles normandes où trois frères mariés tirent au sort entre eux pour savoir celui qui fera l'enfant, c'est-à-dire l'héritier. Si à cette incitation de la loi, à l'infécondité vous joignez celle résultant du droit de un vingt-cinq pour cent, prélevé par l'État sur les successions en ligne directe, vous ne vous étonnerez plus de ce frein volontaire mis à la production humaine. Tout droit prélevé sur l'héritage paternel est une destruction. En

Allemagne, les enfants se pouillent dans les meubles, dans les terres, dans les capitaux leur venant de père et mère, sans que le fisc leur en enlève une parcelle. En Allemagne également, l'égalité du partage n'est pas obligatoire entre tous les enfants d'une même famille. L'indigne peut être exclu; le créateur d'une industrie peut la sauvegarder en laissant dans une même main tous les capitaux qui la font fructifier; le majorat, qui est une des formes de la protection aristocratique, concourt à ce désir de créer la richesse qui est au fond de toute nature d'homme. Et la population allemande, non seulement ne décroît pas, mais encore elle augmente.

Cet exemple est concluant; mais ne le serait-il pas, que le simple bon sens indique l'état de découragement auquel est réduit le père de famille qui, regardant sa terre, se dit: un enfant de plus, et mes champs seront fatalement vendus aux enchères. L'idée de perpétuité est la plus fausse du monde, puisque tout meurt; mais rien ne peut empêcher qu'elle ne hante le cerveau de l'homme. Par une étrange illusion d'optique, celui-ci se figure que son fils c'est lui-même prolongé. Il en a été ainsi depuis le début de l'humanité. Il y a en nous une sève de reproduction qu'alimente une passion inconsciente de la vie. Les hommes de génie, qui ont mis sur pied la société moderne, n'ont pas aperçu cet instinct cérébral qui domine le monde: ils ont rédigé le Code en en faisant abstraction et l'instinct a débordé sur le Code, entraînant à sa suite France, Français et le reste. L'infécondité volontaire est le signe le plus certain du branle-bas moral. Un peuple, décidant qu'il ne se reproduira plus, ressemble au fou qui se promène le long d'un fleuve une pierre attachée au cou. Il est clair que tôt ou tard il s'y jettera.

Immoralité politique ! immoralité intellectuelle ! Tels sont les deux grands maux de la France contemporaine ! Ils se résument dans les trois termes par lesquels débute ce chapitre : Panama-Wilson-dépopulation. Un pays qui les entend résonner, et qui ne peut en contester la véracité, est en état de branle-bas moral. Il ne lui reste qu'à se frapper la poitrine et à faire acte d'humilité. Mais s'humilier, c'est se renier ; c'est renier la Révolution qui a fait égaux tous les citoyens, qui a affranchi l'individu de tout respect, de toute attache au passé, qui a remisé Dieu et qui, en principe, n'a laissé debout que la liberté. Dans un chapitre subséquent, j'établirai que notre reconstruction morale n'est possible que par elle.

Pour l'instant, je constate qu'en cette fin de siècle, la France a opéré sur son sol toutes les destructions :

Destructions sociales,
Destructions religieuses,
Destructions intellectuelles,
Destructions morales.

Ou bien elle va remonter en un bond magnifique, sur ses positions primitives, ou bien elle va s'effondrer définitivement. Nous sommes à ce point de notre histoire où il n'y a plus à choisir entre telle ou telle hygiène. La vie est aux prises avec la mort. Notre vieille peau est morte. Si nous ne trouvons pas en nous l'énergie d'en faire naître une nouvelle, nous disparaîtrons de la scène du monde.

DEUXIÈME PARTIE

LES DESTRUCTIONS DÉFINITIVES

CHAPITRE PREMIER

DE L'IMPOSSIBILITÉ D'EN REVENIR A LA MONARCHIE

Là où a passé le cyclone, il ne reste rien. Champs ravinés ! Arbres tordus ! Maisons écroulées ! Aucune restauration n'est possible. Il faut replanter et reconstruire. Celui qui s'est abattu sur la France en cette fin de siècle, a arraché de notre être des racines qui semblaient éternelles ; actuellement, elles gisent dépouillées et mortes.

Le système de gouvernement qui s'appelle la monarchie, avait pénétré notre organisme jusqu'à ses extrêmes profondeurs ; ce système repose inanimé, bientôt oublié dans la mémoire des Français jeunes et vieux. Il avait été proclamé adhérent à notre constitution nationale; il a été balayé et nous vivons si non fort bien, du moins nous vivons.

Pour voir clair dans les temps nouveaux, il s'agit de montrer que touté sève a disparu de certains morceaux de bois mort jonchant le sol. La monarchie est une de ces branches desséchées. Elle ne revivra plus de bourgeons. Cela peut contrister, mais toutes les doléances ne pourront rien contre la réalité. Mieux vaut y renoncer. La vie comme les fleuves descend, elle ne remonte pas; et, après tout, il est préférable d'habiter avec les vivants que de pourrir avec les morts !

Pour classer la monarchie au premier rang des choses définitivement détruites, il ne s'agit pas seulement de constater la santé actuelle du parti et des hommes qui la représentent (cela nous le ferons plus tard) : il faut surtout remonter l'histoire du suprême combat qu'elle a livré. La monarchie meurt, en 1895, du coup qui lui a été porté en 1789.

La « démonarchisation » de la France est aussi facile à graduer que le froid ou la chaleur. Nous possédons un thermomètre contre lequel aucune sentimentalité, aucune courtisanerie, aucune conviction ne sauraient prévaloir. Une fois de plus, je veux le décrire[1]. Qui connaît l'instrument n'a plus le droit de nier que la monarchie porte en elle le froid de la mort.

Le 7 juillet 1789, les États généraux de France, composés de ce que celle-ci comprenait d'hommes les plus distingués parmi sa noblesse, parmi son clergé, parmi sa bourgeoisie, nomment une commission chargée de dégager des cahiers électoraux les vœux de la nation. Dès le 9, au bout de quarante-huit heures, la commission apporte aux États le résumé de ses recherches. Pourquoi celles-ci ont-elles été si faciles ? Parce que les revendications sont unanimes. On n'en est plus à la discussion, on en est à l'enregistrement. Or, voici en quels termes sont formulés les principes de gouvernement considérés comme acquis :

« 1° Quand la manière de gouverner ne dérive pas de la volonté du peuple clairement exprimée, il n'a point de constitution.

» 2° Nous n'oublierons pas que les Français

---

1. Voir *Gentilshommes démocrates*, pages 140 et suivantes, chez Plon et Nourrit, 1891, par le marquis De Castellane.

ne sont point un peuple nouveau, sorti récemment du fond des forêts pour fonder une association, mais une grande société de vingt-cinq millions d'hommes qui veut resserrer les liens qui unissent toutes ses parties, qui veut régénérer le royaume, pour qui les principes de la véritable monarchie seront toujours sacrés. »

Souveraineté du peuple et souveraineté du roi ! Voilà ce que veulent les Français. Nul ne peut servir deux maîtres, avait dit l'Evangile ; nos pères sont d'un avis opposé. Leur erreur ne va pas être de longue durée.

Huit jours ne se seront pas écoulés que les constituants, hors d'eux contre Louis XVI, de ce qu'il fait arriver à Versailles et à Paris des troupes chargées de protéger le roi, lui *enjoindront* de changer ses ministres (13 juillet 1789) et de s'en remettre à eux seuls du soin d'assurer l'ordre public ! Au premier contact, le peuple souverain a mis en guenille le manteau royal !

Le 25 juillet (je prie le lecteur de suivre attentivement cette chronologie), le rapport du comité de constitution est distribué aux États. Il énumère les vœux unanimes de la nation :

« 1° Reconnaissance de la forme monarchique avec l'inviolabilité et le pouvoir exécutif accordés à la personne du roi;

» 2° Responsabilité des agents de l'autorité;

» 3° Nécessité de la sanction royale à la promulgation des lois. »

Ces trois vœux sont essentiellement contradictoires. Les ministres, les généraux, les agents du fisc seront responsables devant la nation : et par conséquent dépendront d'elle. Seul, le roi ne dépendra que de lui et autorisera ou défendra l'exercice des lois.

La logique devait reprendre ses droits; elle les reprit. Ou le peuple accaparerait la souveraineté dans la personne de ses représentants, ou le roi mettrait le peuple sous sa botte. La discussion s'ouvre (28 août 1789). Trois principes sont soumis au vote des États :

« 1° La reconnaissance du gouvernement monarchique;

» 2° Le veto royal;

» 3° La permanence de l'Assemblée législative. »

Le premier est reconnu; mais de combien de commentaires sa proclamation est entourée ! Que de noms pour la désigner ! « Monarchie mitigée ! » « Monarchie tempérée par des lois ! » « Démocratie royale », etc. Les constituants

tiennent à affirmer surtout que la monarchie
ne résulte ni de l'hérédité, ni du consentement
des générations précédentes, mais uniquement
de la volonté actuelle du peuple. Le texte défi-
nitif dira : « Le Gouvernement français est un
gouvernement monarchique. Il n'y pas en
France d'autorité supérieure à la loi. Le roi ne
règne que par elle ».

Le second principe discuté est celui du veto
royal. Le projet est ainsi rédigé : « Sanction
royale dans et par la constitution pour les
actes établis pour l'avenir ». Plus de faux-
fuyants possibles ; les deux souverainetés sont
aux prises ; elles ne peuvent pas triompher
toutes les deux. Les plus audacieux reculent
devant leur œuvre. De leur vote va dépendre
l'écroulement de la monarchie ; ils n'y avaient
point songé. Rien de plus instructif que les
discours de Rabaud-Saint-Étienne et de Mirabeau, où ces deux généraux de la Révolution
cherchent à se faire et à faire à leurs troupes
une fausse conscience [1]. A mesure que la lumière
se fait sur l'incompatibilité de la souveraineté
royale et de la souveraineté du peuple, les
députés, quels qu'ils soient, et les députés,

---

1. Lire le compte rendu officiel de la séance du 31 août 1789.

alors, c'est la France, abandonnent celle du roi au profit de celle du peuple. Au cours de cette mémorable discussion, on ne citerait pas un seul orateur qui se soit fait le champion sans réserve de la royauté. Les plus fieffés royalistes ne lui concèdent qu'un pouvoir délégué. Le fameux abbé Maury, le leader de la droite monarchique, se contente de remarquer « que de refuser au roi le veto absolu, c'est lui enlever la qualité de co-législateur[1]. » Et il passe outre sans autre forme de procès, comme Clermont-Tonnerre, comme Mounier, rédacteurs premiers du projet de constitution. La souveraineté du roi n'a pas résisté à deux jours de discussion. Elle est frappée à mort. Désormais elle va s'effilocher, jusqu'à ce que de ses soies le peuple, affolé d'orgueil, tisse la corde avec laquelle il l'étranglera. Plus de veto royal, un simple « veto suspensif »! Le roi n'est plus qu'une vigie chargée de signaler les écueils! Un huissier bien patenté remplirait le rôle à merveille. La logique va galoper aux entours des États. En moins de trois semaines, entre le 11 septembre et le 6 octobre 1789, Louis XVI sera frustré « du droit de créer et

1. Séance du jeudi 3 septembre 1789.

de supprimer les emplois »; il perdra le titre de roi de France, et celui de « roi des Français » lui sera imposé. Le peuple s'est couronné roi, roi tyran qui coupera la tête de Louis XVI pour dire aux générations à venir : « Il n'y a plus, il n'y aura jamais d'autre souverain que moi ».

Je ne veux point rechercher les motifs de notre répugnance aux compromis, aux équilibres constitutionnels acceptés par d'autres peuples. Nous ne sommes pas bâtis comme eux. Notre sang est fait d'égalité; notre cerveau est bossé d'orgueil. Notre sol est divisé entre tous les citoyens. Nous sommes une démocratie, nous ne sommes plus, jamais nous n'avons été une aristocratie.

Ce qu'il importe d'établir, c'est l'impossibilité pour la vraie monarchie, pour celle qui repose sur l'hérédité et sur le consentement des générations passées, de remonter sur son trône. Le choc entre les deux souverainetés a été si rude que celle du roi n'est plus. Elle ne saurait être désormais qu'une délégation, et chez nous délégation signifie, pour longtemps, pour très longtemps encore, mandat impératif. Le cerveau d'une nation ne se modifie pas comme celui d'un enfant. Il évolutionne lentement; il remorque trente-deux millions d'hommes au lieu d'un seul. Des discordes, des guerres, des crimes ont pu parfois, en ce siècle, réincliner la France vers la vieille forme monarchique; jamais ils ne lui ont fait abdiquer le principe de sa souveraineté. La Restauration est tombée sous un essai de retour au veto royal. La Monarchie de Juillet a passé par toutes les palinodies : hérédité bâtarde ! les 221 ! le roi des Français ! la meilleure des républiques ! le père Louis-Philippe! Expressions humiliantes d'un monarchisme avili !

En 1871, le monarchisme fit un effort suprême; ce devait être le dernier. Ni les revers, ni les amputations, ni les humiliations n'ont pu triompher alors de l'orgueil national. J'ai fait partie de l'Assemblée chargée de restaurer la France. Qu'y ai-je vu? Quatre cents royalistes uniquement occupés à rogner les ailes d'un roi hypothétique ! Supposez ce roi réinstallé sur le trône de ses ancêtres ! Qu'auraient fait de lui les restaurateurs? Quelle part lui auraient-ils laissée dans la direction des affaires publiques? Lui auraient-ils permis d'introduire dans les conseils de l'État les intérêts à la place des individus? Auraient-ils supporté une chambre des pairs formée par le souverain ou se recrutant par voie d'hérédité? Ils auraient fait un domestique couronné, un roi jamais!

On aurait vu une réédition du « Philipotardisme » avec Louis-Philippe en moins et le suffrage universel en plus. Et ce n'est pas seulement le peuple qui se serait dressé contre toute prétention d'endiguer ses droits, c'eût été encore et surtout la bourgeoisie rebelle au frein, ne supportant au-dessus d'elle ni une filiation, ni une autorité, ni même une fiction d'autorité. Les royalistes de 1871 ont enterré la monarchie dans le beau linceul blanc où elle a voulu être ensevelie. Celle-ci a été portée au cimetière, pure de tout alliage, demeurée chaste, jusque dans la mort. Son souvenir planera sur la France à venir, comme l'ombre de la vieille Rome altière, sur la Rome décadente des empereurs. La monarchie est morte parce que le peuple est devenu et entend rester souverain, souverain malheureux, souverain sans le sou, souverain rossé, mais souverain véritable, ne reconnaissant ni Dieu ni maître, et jamais ne s'inclinant, même devant le bon sens.

Du domaine des raisonnements passons à celui des faits. L'état intellectuel de la France

politique est certes bien troublé, le tempérament royaliste est plus vacillant encore. La prétention des doctrinaires du monarchisme consiste à dire que la qualité du personnage royal
n'infirme ni ne confirme la bonté du système.
Pur sophisme ! Que pour les besoins de la
cause, que pour la rajeunir, et lui donner des
airs de vie, on fasse semblant de croire à ses
vertus, j'y consens, mais que l'on puisse, au
pays de France, restaurer une monarchie, y
accepter la transmission des pouvoirs sans se
demander si le roi s'appelle le comte de
Chambord, ou le comte de Paris, c'est ce que
nul ne peut sérieusement prétendre. Nous en
avons eu la preuve frappante dans le dernier
essai de restauration. A qui fera-t-on croire
que la qualité intellectuelle et morale du représentant de l'hérédité monarchique en 1871,
n'ait pas déterminé l'Assemblée nationale à
renoncer au rétablissement de la monarchie?
Si celui-ci avait été un autre, l'œuvre eût-elle
été aussi facilement abandonnée? Hier encore
les plus fieffés royalistes parlaient-ils de l'héritier du droit, autrement qu'en termes désespérés? Donc, la personne, les idées, l'attitude,
l'entourage d'un souverain par droit de naissance entrent beaucoup plus en ligne de compte

dans la pensée de ceux qui pourraient rendre
ce droit effectif, que le droit lui-même.

Or, examinons ce que représente aux yeux
des Français, en cette fin de siècle, la branche
royale sur laquelle quelques individus attardés
croient possible de greffer un nouveau rameau.

M. le comte de Paris, qu'il le voulût ou non
se raccrochait à la branche qui a eu pour auteur
Louis-Philippe. Je n'entends point parler ici
de la soudure de cette branche au vieil arbre
monarchique. Je constate que cette soudure existait, cela suffit. Mais Louis-Philippe a inauguré
un monarchisme nouveau, celui que l'on peut
appeler sans rire le monarchisme républicain,
et dont Lafayette disait qu'il était « la meilleure
des républiques ». En quoi il consiste, nous le
savons, je puis même dire que nous le voyons ;
car le système de Gouvernement actuel est
calqué sur celui-là. Effacement du pouvoir
central, voire même son abdication. Obligation
de se plier à la volonté des Chambres. Royauté
automatique, maison de confections ministé-
rielles, rien de plus et si possible encore bien
moins. Ce régime a nom régime parlementaire ;
sa formule est : Le roi règne et ne gouverne
pas. Qu'un roi avec des armes aussi minces
parvienne à diriger une nation cela se conçoit

mal, s'il n'a pas auprès de lui et pour appuyer sa résistance un pouvoir respecté à l'égal du Parlement élu. Dans un pays aristocratique il a pour alliés les pairs héréditaires, possesseurs du sol, issus de lui, représentant une tradition constante et vraiment nationale. Dans les pays démocratiques, pour appuyer ses revendications il n'a qu'une seconde Chambre, laquelle n'a pas son origine dans les entrailles de la nation et qui n'est à aucun degré l'expression de sa première conception sociale. Dès lors elle ne constitue pas un aide au pouvoir. Elle est essentiellement nulle ; et si dans la vie quotidienne elle lui rend quelques services par son inertie, aux jours d'ébranlement elle est tenue pour une vieille radoteuse par le peuple et par ses représentants. Le 4 septembre 1870, Paris révolté oublia purement et simplement le Sénat impérial. Le 16 mai 1877, le Sénat de la république parlementaire fut fouetté comme un gamin désobéissant, par le suffrage universel.

S'il en est ainsi de tous les régimes parlementaires quels qu'ils soient, quelle sorte de gouvernement est-on en droit d'attendre de celui auquel serait astreint le fils ou le petit-fils du comte de Paris? Un gouvernement imposé par le peuple, et non par le peuple ayant investi directement, plébiscitairement son roi d'une puissance spéciale, supérieure, mais par le peuple s'imposant lui-même, imposant sa volonté, sa mauvaise humeur, ses taquineries par des intermédiaires se mêlant de l'art de gouverner, préconisant sa méthode, ne laissant entre le pouvoir directeur et lui, ni distance, ni atmosphère? Une telle royauté serait la pire des républiques. Bafouée par tous les républicains auxquels le seul mot de monarchie est insupportable, elle ne serait prise au sérieux par aucun royaliste. Ceux-ci même arriveraient vite à la détester, l'accusant de toutes les faiblesses, de toutes les concessions, de toutes les irréligions que lui imposerait le suffrage universel, et auxquels bon gré malgré, il faudrait qu'elle se soumît, sous peine de déchéance.

La monarchie philippiste a-t-elle du moins le prestige mystérieux du nom et du passé qui emballe les peuples, à la suite de certaines dynasties? Que l'on prononce devant un paysan ou même devant un bourgeois français le nom du duc d'Orléans, pensent-ils à Louis XIV? Ils songent à Louis-Philippe, et Louis-Philippe ne leur représente ni gloire, ni conquêtes. Ils se rappellent avoir entendu dire par leur grand-père que les affaires marchaient en ce temps-là, mais leur père leur a affirmé que sous Napoléon III, elles allaient encore mieux. En revanche les journaux à un sou, qui pénètrent dans les plus pauvres chaumières ont appris à tous, riches ou pauvres, indifférents ou passionnés que le dernier représentant de la monarchie bourbonienne fut le soutien, le bailleur de fonds, l'allié du général Boulanger dans son entreprise révolutionnaire. Si celle-ci avait réussi, la cause royaliste eût peut-être profité de son succès, mais elle a échoué, et de quelle façon ! La cause royaliste a été éclaboussée par le ridicule ; la monarchie philippiste a perdu du coup ce parfum de « nationalisme » qui enchantait les Français de vieille roche, ceux qui n'avaient pas encore été sollicités par les senteurs capiteuses de la démocratie.

Un prince jeune, né avec la génération actuelle, est-il en mesure de rendre à l'idée monarchique son antique prestige ? Inculquera-t-il aux Français l'amour des Bourbons? les Français s'en remettront-ils à lui du soin de les gouverner? de reconstituer une aristocratie terrienne, de refaire une Chambre des pairs héréditaires? Le seul fait d'être obligé de se poser ces questions produit une impression de stupeur! Voici une dynastie de rois qui ont engendré la France, qui ont régné sur elle plus de huit cents ans, qui ont été avec elle à la détresse et à la prospérité, à l'humiliation et à la gloire, qui se sont appelés Louis XI, François Ier, Henri IV, Louis XIV, qui ont eu pour les servir : Sully, Richelieu, Colbert et Turenne, qui ont construit le Louvre et Versailles, et tel est le lointain de leur prestige que nous constatons avec certitude la volonté expresse des citoyens de ne point même accorder à un de leurs descendants un crédit gouvernemental de vingt-quatre heures. A la rigueur, ceux-ci violeraient notre souveraineté, et encore nous débattrions-nous comme des forcenés entre leurs bras; mais jamais ils n'obtiendraient de nous la délégation volontaire de nos droits. Ce que nous accorderions à un aventurier sans naissance, nous le refuserions à un prince invoquant sa filiation. Nous verrions de l'œil le plus indifférent l'avantage ou l'inconvénient de son gouvernement; la seule idée qu'il se targuerait d'un pouvoir hérité de ses ancêtres ferait de nous des bêtes féroces. Que l'on qualifie de folle, de stupide cette disposition d'âme, elle n'existe pas moins. Nos cerveaux sont rongés par l'éruption de l'orgueil. Et c'est parce que nous préférons tout, même le dés-

honneur, à l'abandon de notre souveraineté,
que la reconstitution de la souveraineté monarchique est et demeurera impossible sur le sol
que nous foulons.

Redeviendrons-nous gouvernables? A cette
question, on est en droit de répondre que nous
le sommes déjà. Depuis vingt ans, ce n'est pas
la France qui a manqué à la République; elle
l'a soutenue, consolidée, elle lui a donné son
argent, souvent sa liberté, toujours sa confiance : c'est la République qui a manqué à la
France; elle s'est refusée à la gouverner natio-
nalement, n'abandonnant ni ses préjugés de
caste, ni ses passions antireligieuses, conti-
nuant à être l'expression d'un parti au lieu de
devenir celle du peuple entier. Que cet égoïsme
dure, qu'il se traduise par des taquineries,
par des compétitions, par des vexations, et la
République pourrait bien aller rejoindre la
monarchie nationale dans son tombeau. Quelle
forme alors les Français donneront-ils au pouvoir chargé de diriger, de protéger, de faire
prospérer la France? Ils choisiront un mandataire ; ils l'investiront d'une confiance
sans limites; ils lui donneront titre, richesses,

puissance. Plus il grandira, plus ils se figureront qu'ils l'ont fait, qu'il est leur émanation; ils diront: mon Empereur, comme ils disent: ma maison, ou mon champ. Celui-ci leur rognera les ongles, les fouettera, les gorgera, leur fera avaler la lune, et les Français applaudiront leur idole: ils lui tresseront des couronnes; ils le plébisciteront; ils monteront la garde à la porte de son palais, comme jadis les prétoriens à celle des Césars. Nous aurons nos Gracches, nos Tibère, nos Marc-Aurèle et nos Julien. L'empire romain fut grand, l'empire françois ne sera point petit.

Nul doute que cette forme de gouvernement soit celle de l'avenir; forme des peuples orgueilleux, qui ne filent doux que devant le fouet tressé par eux. Adieu les beaux jours de l'éloquence et du verbe politique! Adieu les architectures constitutionnelles aux façades sévères! Que ceux qui ont été élevés dans l'admiration des combinaisons, des pondérations, que ceux qui sont de l'école « du cheveu coupé en quatre », que ceux qui croient aux vertus de la parole, aux bienfaits de l'apostolat, à l'efficacité des amendements, des réticences et des points et virgules, commencent à verser des larmes! Avant qu'il soit longtemps, ils assisteront à l'apothéose de la trique... trique impériale ou consulaire! Déjà il y a dans l'atmosphère des parfums de tyrannie; effluves échappés des cœurs et des bouches! Nous l'entrevoyons, et le soupçon de sa vue ne nous déplaît point, hélas! Les jeunes ont oublié, les vieux ne se souviennent guère. L'Alsace! la Lorraine! Sedan! Metz! Tous ces mots ne nous rappellent que notre deuil; ils nous laissent parfaitement indifférents au régime qui en fut la cause. Demain, le nom de Napoléon serait acclamé au fond des campagnes! Si ce n'est celui-là, un autre beaucoup moins grand, beaucoup moins universel! L'histoire nous apprend que Caligula tenta de faire couronner son cheval empereur : pourquoi n'essaierions-nous pas de faire d'un âne un César?

En tous les cas, une chose est certaine : nous ne nous inclinerons jamais devant un roi que nous n'aurons pas élu. Nous entendons domestiquer le maître que nous nous donnerons. Il faut qu'il soit d'origine esclavagiste, quitte à ce que l'esclave nous traite en maître. Ce n'est pas le maître que nous redoutons, c'est que ce maître prenne un titre que nous entendons nous réserver. Question de mots! Mais le monde et la France surtout se sont toujours gouvernés par des mots. Nul n'y peut rien, et la raison moins que le reste. Le temps peut modifier un tempérament; encore faut-il qu'il s'écoule. Il est nécessaire de prendre son parti d'un orgueil qui désormais est dans nos moelles. Il coule dans nos veines avec notre sang. La révolution de 1789 l'y a condensé : quatre-vingt-quinze ans de cours naturel ont opéré l'assimilation.

Que les royalistes le sachent : ils ne sont plus que les supports d'un mythe! Le temps n'est plus aux renoncements, aux fidélités, aux humilités! Ce que, dans d'autres pays, on appelle « le loyalisme » n'est plus de mise dans le nôtre! Le loyalisme peut encore être une parure, il ne peut plus être une politique! Quiconque veut, pour une part aussi minime qu'on la suppose, exercer une influence sur les affaires publiques, doit y renoncer. Le loyalisme appartient aux temps anciens; la superbe est le propre des temps nouveaux; la superbe, en France, consiste à ne jamais s'incliner, à commander toujours. La France forgera ses propres fers, plutôt que de vivre librement sous un pouvoir qu'elle n'aurait pas constitué de ses mains!

CHAPITRE II

DE L'IMPOSSIBILITÉ D'ABOLIR LE SUFFRAGE UNIVERSEL

Faire la critique du suffrage universel est la plus simple des entreprises... Il suffit d'avoir des yeux pour voir et une bouche pour parler. La disproportion est telle, entre les poids et la qualité des votes, que le système de représentation dont ils sont la base porte en lui sa condamnation. Il est profondément déraisonnable que la sottise et l'esprit, que l'ignorance et la science, que l'inexpérience et l'usage des choses humaines soient cotés à la même valeur...

Faire l'apologie de ce même suffrage est une œuvre pleine de difficultés. Il faut pour la réa-

liser amener les esprits qui l'envisagent à
oublier ce que vaut celui qu'il s'agit d'exalter.
Il faut leur donner des yeux de politiciens, des
yeux de chair au lieu du regard des philosophes. Il faut qu'ils consentent à descendre des
régions sereines du bon sens, dans les régions
troublées des passions populaires.

C'est cette œuvre pourtant que je veux tenter :
elle s'impose au psychologue, qui entend dia-
gnostiquer ce que seront les temps nouveaux.

Le suffrage universel n'est pas né comme un
champignon dans une nuit du mois de février
1848 ; il avait, dès cette époque, une ascen-
dance remontant à plus de quarante-sept ans.
Il est issu de la révolution de 1789, et ce sont
les premiers constituants qui, en 1791, l'ont
mis au jour. Il est vrai qu'ils l'ont créé avec
un masque différent de celui qu'il a revêtu
depuis... Ils l'ont établi à deux degrés, au lieu
d'un seul, mais ils lui ont imprimé dès le début
le caractère de l'universalité... De l'électeur du
premier degré ils exigèrent simplement qu'il
fût citoyen actif, c'est-à-dire âgé de vingt-cinq
ans, ayant prêté le serment civique, domicilié
depuis un an dans sa commune et y payant

une contribution égale à la valeur de trois journées de travail. Ce cens de quatre francs cinquante environ est insuffisant pour que l'on puisse qualifier le premier droit de suffrage, de suffrage censitaire. Tout au plus représente-t-il un moyen de contrôler l'exactitude du domicile de l'électeur.

D'ailleurs, à peine établi, il fut aboli... Dès l'année 1792, le lendemain de la chute de la royauté [1], toute distinction entre citoyens actifs et citoyens non actifs est supprimée. La Convention fut élue par un suffrage absolument universel, sans qu'une marque de propriété quelconque ait été exigée de l'électeur.

La grande Assemblée révolutionnaire, en matière de suffrage, comme en toutes choses, alla jusqu'au bout de ses conceptions démocratiques. Non seulement elle ne rétablit pas le plus petit cens électoral, mais encore elle détruisit le vote à deux degrés [2] — pour y revenir plus tard, il est vrai [3].

Donc, dès le début, à l'aurore de notre éclosion de peuple pensant et gouvernant, tout

1. Loi du 12 août 1792.
2. Constitution de 1793.
3. Constitution de l'an III.

citoyen français est déclaré posséder un droit
égal dans le gouvernement de l'État. Le fruit est
conçu de telle sorte que, mûri, il sera nécessairement privé de tout soutien extérieur. Il
pendra de l'arbre, resplendissant d'un côté,
pourri de l'autre. Les divers régimes qui ont
arrêté la poussée démocratique depuis le com-
mencement du siècle : le premier Empire, la
Restauration, le règne de Louis-Philippe seront
pour lui ce qu'est la pluie à une poire qui
mûrit : ils le tacheront, ils ne l'empêcheront
pas d'aboutir à maturité. — Et c'est ainsi que
le jour où le bourgeoisisme disparaît complètement de la scène politique, le suffrage universel y entre en propriétaire exclusif. Gambetta
a dit un jour : « Le suffrage universel est adéquat à la République. » Cela est vrai ; mais
ce qui l'est encore plus, c'est qu'il est adéquat
à la démocratie... Césarienne ou républicaine.
La démocratie n'a de raison de vivre que sous
le règne du suffrage universel..... Et voilà
comment un pays qui ne peut plus, pour les
motifs décrits dans le précédent chapitre, revenir à la monarchie, est condamné à vivre à
perpétuité avec le suffrage universel.

Tel est le motif réel de l'extraordinaire vitalité de ce principe de gouvernement. Il la puise

moins en lui que dans l'atmosphère sociale où il est établi.

Il est encore une autre cause qui le rend indestructible, c'est son immense supériorité sur le régime censitaire et sur le suffrage à deux degrés.

L'Europe civilisée est à une époque de son histoire où la résurrection du pouvoir exclusivement personnel dans les pays habitués à gérer leurs affaires, ne peut plus entrer dans les prévisions politiques. Bonaparte, qui fut le César type, crut ne point pouvoir se dispenser de créer un Tribunat [1], un Corps législatif et un Sénat, chambres d'enregistrement, il est vrai, mais dont la première s'insurgea contre le Concordat signé par lui et dont la troisième proclama sa déchéance... Napoléon III, Boulanger, un sous-Boulanger, aviliront les Parlements, ils ne les supprimeront pas. Et puisqu'il en faut, on est bien obligé de se demander quelle est la moins mauvaise façon de les recruter.

Un censitaire, c'est-à-dire un électeur propriétaire d'un immeuble ou d'un capital-argent

[1]. Assemblée législative, qui se composait de cent membres, créée en 1799 par la constitution de l'an VIII, supprimée le 19 août 1807.

choisira-t-il son mandataire avec plus d'indépendance, avec plus de tact qu'un sans-le-sou ? Longtemps je l'ai cru. Et pourtant j'aurais dû me souvenir que ce sont les députés choisis par des électeurs payant au roi Louis-Philippe trois cents francs d'impôts qui ont renversé ce roi, qui ont culbuté Guizot, son ministre, un bourgeois comme eux, qui ont fait le « Gouvernement provisoire de 1848 » et acclamé la République dont ils ne voulaient pas. Le suffrage universel n'aurait pas fait plus mal ; il est permis de croire qu'il eût fait mieux, attendant d'autres provocations que l'interdiction d'un banquet politique pour recourir aux armes.

Le censitaire républicain ne serait pas plus pondéré que le censitaire royaliste. Remontez le cours de l'histoire, vous y verrez que toutes les révolutions ont été préparées par des censitaires. Le peuple, c'est-à-dire le suffrage universel personnifié, n'a fait ni la Constitution de 1791, ni le Tribunal révolutionnaire. Il n'a pas chassé Bonaparte, il n'a pas détruit la monarchie légitime en 1830 ; il n'a pas renversé le second Empire, et ce n'est pas lui qui détruira la République si elle disparaît un jour. Ce sont des bourgeois qui ont accompli toutes ces destructions. Le peuple ne détruit pas ; il étaye, il soutient; il est essentiellement bon et conservateur. Son bon sens est gros et par cela même robuste. Il sait qu'il n'a rien à gagner aux perturbations; il ne les provoque pas. Sa petitesse le garde des ambitions effrénées et des folies de l'enrichissement. Il ne permettrait pas que l'on rognât son droit de suffrage; mais le permettrait-il que des faiseurs de constitution simplement au courant de l'état des consciences françaises ne consentiraient pas à se servir de sa permission.

Le suffrage à deux degrés a-t-il une chance de prendre la place du suffrage universel? Celui-ci répugne moins à notre tempérament que le suffrage censitaire. Dès le début il en a été un des éléments constitutifs. Les États généraux, la Convention eurent recours à lui; ils ont conçu la France moderne avec cette forme. Le peuple l'accepte actuellement lorsqu'il s'agit de nommer les sénateurs de notre République. Il ne paraît pas absolument impossible qu'un gouvernement nouveau pût réintroduire ce genre de suffrage dans nos mœurs politiques. Mais ce que l'on ne voit pas c'est la force qu'il y puiserait. Qui seraient les élus du second degré, c'est-à-dire les électeurs directs des représentants du pays? Que l'on en juge par ceux qui deviennent les délégués sénatoriaux ! Tous les beaux parleurs, tous les meneurs, tous les médecins, tous les huissiers, tous les arpenteurs, tous les épiciers, tous les cabaretiers, tous ceux à qui le paysan, l'ouvrier ont affaire dans la vie quotidienne, tous ceux au crédit de qui ils sont obligés d'avoir recours ! Et ces petits veulent devenir grands ! Et ils raisonnent, et ils se croient financiers, diplomates, militaires, légistes !. Et ils sauvent la France le matin ! Et ils condamnent l'empereur ou le président le soir ! Il y a dans le suffrage à deux degrés quelque chose d'agressif, de taquin, d'orgueilleux, dont le suffrage universel est exempt. C'est pourquoi on peut affirmer qu'il ne viendra jamais à la pensée d'une République ou d'un Empire d'étayer leur pouvoir avec des étais aussi peu solides.

D'autres causes font du suffrage universel un élément constitutif du tempérament de la nation...

En matière de droits, certaines possessions ininterrompues ont la valeur des greffes soudées au tronc. Celles-ci font partie de l'arbre ; la sève y monte et les mêmes éléments de vie, de croissance, de maturité y circulent. — Depuis quarante-six ans le peuple français se sert du suffrage universel ; il en use, il en abuse... Matin et soir il joue au souverain. Loin de se dégoûter de ce jeu il y prend goût. Non seulement les partenaires ne diminuent pas, mais encore ils augmentent. Le nombre des abstentionnistes va d'année en année se rétrécissant. On peut prévoir le jour prochain où, forts de leur instruction, incités par des journaux plus pénétrants que l'air humide, sollicités par des candidats qui prennent perpétuellement contact avec la foule, tous les Français, sans exception, seront devenus des électeurs jaloux qu'aucune nonchalance n'empêchera d'exercer leurs droits. La République s'est particulièrement appliquée à développer ce que, à juste titre, elle appelle la vie politique ; elle y a réussi. Gambetta l'a prodigieusement activée dans les veines du peuple. Un habile homme arriverait à nous rogner les ongles, à nous ficeler bras et jambes, à nous museler jamais. Lorsque l'on invoque la facilité avec laquelle Napoléon III, durant les huit premières années de son règne imposa silence aux politiciens pour prédire notre futur asservissement, on oublie que le bavardage parlementaire sous le roi Louis-Philippe était cantonné entre les quatre murs de la Chambre des députés et les sept ou huit cents bourgeois censitaires abonnés au *Journal des Débats*. — Aujourd'hui, tout le monde parle en France, chacun y raisonne et y déraisonne. Les politiciens sont légion ; il n'est pas rare de rencontrer un paysan tenant sa charrue d'une main et son journal de l'autre. Cela s'appelle les mœurs, et les mœurs constituent le tempérament d'une nation. Le suffrage universel n'est déjà plus une conquête, il est un des éléments de notre vie.

Est-ce un motif pour l'exalter? Nullement. C'en est un pour le conserver. — Faites-vous couper une jambe, vous ne serez plus qu'un estropié... Ayez deux pieds immenses : vous manquerez d'élégance, mais vous marcherez... J'ajoute pour les âmes attristées par le spectacle des choses contemporaines que le suffrage universel, tout déraisonnable que soit son aspect, porte en lui un avantage qu'aucune pondération constitutionnelle ne saurait égaler : il est la limite extrême de la souveraineté individuelle. Il ressemble aux colonnes d'Hercule ; au delà il n'y a rien. Le peuple qui le possède non seulement ne peut pas souhaiter une extension plus grande de ses droits, mais encore ne suppose point qu'elle soit possible.

Je remarque que le prince de Bismarck quand il a fondé l'empire allemand, contrairement au sentiment de l'aristocratie terrienne et à la tradition électorale de la Prusse, l'a étayé sur le suffrage universel. Son génie créateur lui a fait comprendre que là était la base inatteignable. Il a appuyé son œuvre sur le cœur même de la nation pour que le sang de toute l'Allemagne refluât dans toutes les veines de l'empire.

Dernièrement la Belgique a revisé sa constitution. Que demandait son roi ? La possibilité du « referendum », c'est-à-dire le droit d'en appeler au suffrage populaire des décisions prises par les députés du peuple. C'était le peuple entrant personnellement en bataille, discutant, jugeant, vivant... Le roi des Belges voyait dans le « referendum » un appui certain pour son trône, et il trouvait moins humiliant pour sa dignité de s'incliner devant la volonté de tout le monde que devant l'entêtement de quelques-uns.

Les Anglais eux-mêmes, si esclaves de leurs traditions, si peu novateurs qu'ils soient, étendent méthodiquement leurs droits électoraux. Le suffrage universel y sera bientôt

aux prises avec l'hégémonie aristocratique..
M. Gladstone, lord Roseberry, préparent le choc
d'où doit naître le triomphe de l'un sur l'autre.
Le suffrage universel, plein de jeunesse et de
vie, a définitivement fait son entrée dans le
monde; rien désormais n'arrêtera sa marche.

L'instrument de règne peut-il être amélioré?
Pour l'améliorer il faut y toucher; le suffrage
universel supporterait-il qu'on le touchât?

La question n'est point oiseuse... Puisque ce
suffrage est destiné à vivre autant que la
France, il importe de savoir si son tempérament
est apte à des modifications. Je remarque d'abord
que pour la lui période de l'adolescence est
à peine terminée. Il a mis vingt ans à appren-
dre à lire et à écrire, et ce n'est pas un trop
grand espace de temps si l'on songe à la longueur de son existence à venir. Sans doute, il
lui faudra vingt ans encore pour s'initier aux
rudiments de la science politique, laquelle
n'étant pas une science exacte est d'autant
plus difficile à fixer dans de jeunes cerveaux.
C'est alors, mais alors seulement qu'on lui fera
saisir la nécessité d'un changement dans sa
mise. En 1874, l'Assemblée nationale qui

pouvait tout, n'a pas osé imposer au suffrage universel un traitement devant lequel se serait cabré l'ignorant. Et si tel a été sur elle l'effet de recul produit par le spectacle d'une éducation inachevée, il faut admettre que le traitement pour être appliqué devra être réclamé par le suffrage universel lui-même. Je ne fais pas de doute qu'un jour donné il le réclamera ; la santé comme la raison a ses instincts et sa logique.

Ce ne sera ni aux conditions de domicile, ni au vote obligatoire, ni à une entrave quelconque que l'on aura recours pour équilibrer et assagir le cerveau des masses. La France, comme les chevaux de sang se refuse à être rênée. Mais le vote plural, le recul de l'âge du votant sont terrains à réformes, je dirais volontiers à réfection du tempérament politique de la nation.

Le vote plural a pris naissance dans un pays voisin, la Belgique, où le législateur ne procède jamais par soubresauts. Qu'est-ce que le vote plural ? C'est l'attribution à un même individu de plusieurs suffrages. C'est l'affirmation que tous nous ne pesons pas le même poids, mais ce n'est pas une destruction de droit. Le vote plural ne supprime pas l'électeur, il le gradue. Il respecte cette loi du nombre qui nous tient tant au cœur, mais il la rééquilibre, en tenant compte de tous les éléments dans sa composition. Il n'a pas pour point de départ l'inégalité du rang, ou de la richesse : il nous vient en droite ligne de la nature. Vous êtes seul en ce monde, un seul bulletin de vote vous est concédé. Vous avez une femme et trois enfants, vous représentez par conséquent cinq individus faits de chair et d'os, allant, venant, mangeant ou mourant de faim, vous votez cinq fois au lieu d'une seule. De cette façon la loi du nombre et le plus grand des intérêts sociaux, celui qui contient tous les autres, l'intérêt de la famille, sont respectés.

Le vote plural sera apprécié par toutes les classes de la société : par les ouvriers qui font beaucoup d'enfants et par les bourgeois qui en font très peu. Nul n'y trouvera à redire, pas même la foule des jeunes blancs-becs qui peuplent les cafés des villes de province; ils sauront qu'il dépend d'eux d'augmenter le poids de leur vote; on ne se révolte pas contre des droits éventuels. On en appelle la réalisation; et l'on prise le bonheur de ceux qui les possèdent au lieu d'en être jaloux.

De l'âge des votants, il n'y a que peu de

chose à retenir. Notre passion d'égalité suffira à le faire reculer. Un soldat sous les drapeaux est privé de l'exercice de son droit de vote. Il est inadmissible que jamais il lui soit rendu. Le soldat est le gardien non seulement de la loi, mais encore de la volonté gouvernementale. Son général lui donne un ordre : il n'a pas à en rechercher la valeur : il doit l'exécuter sans protester, presque sans réfléchir. Du soldat raisonneur au prétorien il n'y a pas l'épaisseur d'une feuille de papier. Mais de cette annihilation de la personnalité résulte une inégalité flagrante entre les citoyens d'une même génération. Tous sont appelés sous les drapeaux, mais tous n'y restent pas le même temps. Les uns y demeurent trois ans, les autres dix-huit mois, quelques-uns n'y vont pas du tout. Ceux-ci y sont ramenés au moment d'un vote sous le nom de réservistes. Ceux-là sont empêchés d'exercer leurs droits par le rappel des « territoriaux ». Plutôt que de maintenir toutes ces inégalités. un jour ou l'autre on s'apercevra qu'il est beaucoup moins contraire aux principes de la Révolution qui nous a faits ce que nous sommes de reculer l'âge de l'électorat et on le reculera de vingt et un à vingt-cinq ans.

Ainsi traité, le suffrage universel changera ses allures. De fougueuses elles deviendront sinon modérées, du moins contenues. Il aura conservé son caractère de souveraineté illimitée et perdu le stigmate de brutalité que la loi du nombre lui inflige. Ce sont les seules modifications que l'on pourra jamais lui faire subir. Telle dictature qui muselera les journaux, qui empoignera les gêneurs, qui les tuera peut-être, n'osera pas, ne pourra pas bâillonner le suffrage universel. Celui-ci est devenu notre seconde nature. Nous respirons par lui. Une France vivante sans lui, ne se conçoit pas, du moment surtout où elle est décidée à n'accepter aucun autre principe de vitalité. Le suffrage universel supprimé, c'est le souffle expirant sur ses lèvres; c'est le dernier soupir de la patrie. Des pessimistes prétendront que certains moribonds rendent l'âme en poussant de terribles cris, et la voix du suffrage universel ne cessera point d'avoir à leurs oreilles des timbres de mort. Laissons-les à leur marasme. Je ne crois pas à la mort de la France, je crois à sa transformation. D'une monarchie faire une démocratie, de muet devenir discoureur, d'esclave se changer en maître! Ne plus obéir et dicter des lois! Le peuple qui opère tous ces changements ressemble à ces charpentiers perchés sur le sommet des toits. Nul ne les regarde sans pitié; suspendus dans les airs leur mort paraît certaine, et l'œuvre terminée le passant l'admire; il ne songe même plus à l'audace du constructeur. — Le suffrage universel vivra autant que la France!

CHAPITRE III

DE L'IMPOSSIBILITÉ D'EN REVENIR A L'ÉTAT CHRÉTIEN

J'aborde un sujet qui a le don d'exciter les colères des âmes religieuses. Il semble que l'on ne puisse pas constater les tendances sécularisatrices de la société française, sans passer pour un contempteur des choses divines. Dire que la France politique entend rester neutre vis-à-vis d'elles constitue presque un blasphème! Dire le contraire serait, il est vrai, un mensonge. Peu importe. Ne vaut-il pas mieux se tromper, soi, et tromper tous les gens animés d'une foi vive, plutôt que de consentir un pareil aveu?

Telle est la disposition des esprits chez les

croyants; elle ne devrait être celle de personne, parmi ceux qui ne se payent pas de mots. Ce n'est pas en proclamant les tendances chrétiennes du peuple français qu'on fera de lui un peuple chrétien. Ce n'est pas en se signant qu'on lui fera faire le signe de la croix. Politiquement, nous sommes déchristianisés. Politiquement, nous ne nous rechristianiserons pas. C'est un malheur sans doute, mais c'est un fait, un fait brutal qu'il faut envisager, peser, et auquel doivent se résigner ceux qui n'ont pas abdiqué toute volonté de se mêler aux affaires publiques.

Un peuple qui n'a plus de foi ou qui, en ayant une, a honte de la montrer, est-il un peuple condamné à mort? Si vraisemblable que cela paraisse, cela n'est pas. L'histoire n'offre point d'exemple de nations ayant officiellement banni toute croyance; mais dans le siècle présent, la France en est un. Ce qui ne s'était pas vu, se voit. L'emmagasinement du fluide électrique est aussi un des phénomènes propres à ce siècle! Il y a cent cinq ans que la foi religieuse des Français a disparu de la scène publique. Il y en a quinze que la séparation de corps est légalement prononcée, et les Français vivent tout comme avant, ni plus mal ni mieux, plutôt mieux, aussi menacés dans leur existence qu'en 1870, mais plus prêts et plus aptes à la défendre. Notre religiosité n'a plus de façade, mais elle tient dans le cœur du peuple une place identique, si ce n'est supérieure à celle qu'elle y occupait au temps où on lui rendait les honneurs publics. D'autres pays se résigneront-ils à cette déchristianisation d'État qui est la nôtre? Leur morale s'élèvera-t-elle à un si haut degré de perfection psychique qu'elle se suffise à elle-même? Je ne le crois pas. Et si la séparation entre la conscience religieuse de l'État et celle des citoyens a pu s'effectuer chez nous sans tuer l'État, c'est que le tempérament de ceux-ci est plus imbibé du respect des choses d'en haut que celui de bien d'autres peuples. Notre tradition nationale nous a servi de vaccine. C'est elle qui a empêché que nous mourions de l'effroyable amputation que nous avons faite à notre cœur et à notre cerveau.

Quoi qu'il en soit de la force vitale que nous portons en nous, il est un fait certain, c'est que les membres amputés ne repoussent pas. On vous refait une jambe en bois, on ne vous refait pas une jambe en chair et en os. Donc, ce qu'il s'agit de savoir, ce n'est pas la méthode avec laquelle on rendra à l'État un caractère qu'il n'a plus, mais où, quand et comment il l'a perdu. Ce chapitre est un chapitre d'histoire, il ne doit être que cela.

Ici encore, c'est à l'aurore de la France moderne qu'il faut se reporter.

Lorsque, en 1789, nobles, prêtres et bourgeois se trouvaient réunis, pour « moderniser » la France, dans des « États » qui prirent le nom de « généraux » et qui ne pouvaient pas en prendre un autre, tant leur Assemblée avait été souhaitée, préparée, discutée, la religion catholique était la religion de l'État. Dans les sphères élevées de la nation, fort peu en pratiquaient les commandements, beaucoup en dédaignaient les spiritualités. Le siècle avait vu le cardinal Dubois prendre à l'entreprise la dépravation du Régent. Le cardinal de Bernis, parlant de l'autre monde, avait dit : « Si tant est qu'il en existe un ». Monseigneur de Jarente, évêque d'Orléans, entretenait des danseuses. Talleyrand, évêque d'Autun, l'abbé de Pradt, depuis archevêque de Malines, et bien d'autres, croyaient en eux, mais ne croyaient que très faiblement en Dieu. En revanche, le rang social de la religion était reconnu, respecté. A la procession des États généraux, à Versailles, le roi marche derrière le Saint-Sacrement, précédé de tous les députés, sans exception. Mirabeau, Robespierre lui-même, y ont leur place. Une gravure du temps nous les montre la palme à la main, le front incliné, dans l'attitude de la déférence. Nul récit ne nous dit que qui que ce soit, parmi les futurs destructeurs de l'état chrétien, se soit dérobé à cet hommage officiel rendu au Dieu de nos pères. La tartuferie serait-elle un hommage rendu à la religion comme l'hypocrisie en est un rendu à la vertu? Lorsque l'historien promène son regard sur la fin du siècle dernier, il est tenté de le croire. Jamais la religion ne fut plus officiellement honorée par des gens se moquant aussi complètement d'elle.

Mais, dans tous ces cœurs gourmés grondait une sourde protestation ; au premier choc elle allait éclater. Les droits de l'homme sont catalogués : celui de croire ou de ne pas croire, d'honorer ou de ne pas honorer les cultes choisis par les citoyens, va-t-il être inscrit au catalogue ?

La première fois où la question se pose et s'impose, elle est si inattendue qu'un immense effroi s'empare de ceux qui sont appelés à la résoudre. Discuter la religion ! admettre que son principe flotte à tous les vents, dans un pays où les prêtres formaient hier un des ordres de l'État ! Quelle secousse et quelle révolution ! Et pourtant, du moment où les droits de l'homme vont être reconnus, le droit de choisir, de garder ou de bannir un culte ne devrait-il pas être inscrit au premier rang ? De toutes les séances des États généraux, nulle ne fut aussi bruyante que celle où ce droit a été discuté. Des cardinaux, des évêques, des abbés vieillis sous le harnais, ayant vécu de respect, de privilèges et de bénéfices, se voient tout à coup, dans la même journée, réduits à la portion congrue, comme de simples curés. Bannis à la fois du gouvernement, de la politique, de la propriété terrienne, ils deviennent des unités, n'ayant désormais pour appui que leur zèle et que leur talent. Jamais une idée ne tomba de si haut et en aussi peu de temps. Sa chute a toutes les apparences de celles qui sont mortelles... Elle ne mourra point, pourtant ; l'idée religieuse survivra à tous ces ballottements, à toutes ces poussées. Suivons-la pas à pas ; nous la verrons de jour en jour plus isolée, plus flottante, rompant les liens qui la rattachent à un gouvernement ou à une politique, mais en revanche, louvoyant par son aérienne mysticité au-dessus du flot humain, s'élevant et nous élevant, s'éloignant de la terre et ne tenant plus à elle que par la trace légère de son parfum.

C'est à mon aïeul le comte de Castellane que revient l'honneur et la responsabilité de cette émancipation de la conscience française. Il fut l'initiateur non pas de notre déchristianisation, mais de notre liberté d'âme. Celle-ci, à l'heure actuelle, est violée; sous prétexte de nous empêcher de revenir à l'État chrétien, on nous impose l'État athée; mais elle nous reviendra, et nous la bénirons. J'ai raconté ailleurs [1] le premier combat livré pour elle. Si l'on veut saisir l'ensemble de la lutte, il est indispensable d'en remémorer les péripéties.

Les États généraux, comme toutes les Assemblées, un instant furent tentés de cacher leurs scrupules sous une ambiguité. Mais leur destinée, heureusement, les vouait à la lumière.

---

1. Voir *Gentilhommes démocrates* (Plon et Nourrit 1890) chap. IV.

Celle-ci creva tous les voiles. A peine les commissaires chargés de la coordination des droits eurent-ils apporté le texte de leur rédaction que les constituants, vieux Français à l'esprit clair, crièrent à l'obscurité. Celle-ci disait :

« Le maintien de la religion exige un *culte public* », puis elle ajoutait :

« Tout citoyen qui ne trouble pas le *culte établi* ne doit point être inquiété. »

Culte public ! Culte établi ! Un culte « public » pouvait ne pas être un « culte d'État », mais un culte d'État est forcément un culte public, et un « culte établi » ressemble fort à un « culte officiel ». Des explications sont demandées. On les donne. Les commissaires ont reculé devant leur responsabilité ; l'Assemblée s'en aperçoit ; elle proteste. Chose étrange ! Mirabeau, le lion de la Révolution, tremble devant la formidable démolition. Déchristianiser la France politique ! La réduire à l'état de nature ! La forcer à vivre de sa propre morale, alors que ceux qui sont chargés de donner l'exemple et que lui-même en offrent un si mauvais ! Il propose de remettre à une époque plus éloignée la sécularisation de l'État. Il n'est plus temps. Les troupes sont en présence : il faut combattre. Le vieil esprit chrétien et le jeune esprit sécularisateur se regardent ; il suffit. Dès qu'ils se voient, ils se courent sus. Un instant suspendue, la séance est remise au lendemain. Combien elle dut être solennelle, cette veillée des armes, où Jésus passa et repassa devant les consciences françaises, avant d'être officiellement abandonné par elles. Le haut clergé y pleura des larmes de sang ; ceux qui prévoyaient à quel degré d'égalisation sociale et politique nous conduirait la démocratie, se réjouirent à la pensée de constituer à l'église catholique une indépendance destinée à devenir sans limites. Les déchristianisateurs d'alors ne furent pas des athées, désireux de faire triompher leur athéisme. Dans leur œuvre, je n'aperçois que la volonté de supprimer les hypocrisies, les palinodies et surtout un privilège. Il ne va plus y être question de culte public ou de culte établi ; les consciences seules y seront visées, et celles-ci seront proclamées libres, non seulement en elles-mêmes, mais encore dans l'expression extérieure de leurs sentiments. Le comte de Castellane propose de formuler ainsi les droits de l'homme en matière religieuse :

« Nul homme ne peut être inquiété pour ses

opinions religieuses ou troublé dans l'exercice de son culte. »

Du coup, voici tous les cultes sur le même rang : Mahomet, Jésus, Bouddha, Luther, Confucius, juchés sur les mêmes sommets. On dirait la préface du congrès des religions à Chicago [1] en l'an de grâce 1893, où l'on vit tour à tour cardinaux, rabbins, bonzes, brahmanes, célébrer dans un même élan la divinité sous sa forme la plus générale. Plus d'équivoque; le terrain du combat est limité, borné. Mon aïeul a été d'un coup jusqu'au bout de l'idée révolutionnaire, logique et honnête, bien que destructrice.

On se battit deux jours fiévreusement. Chacun sentait qu'il s'agissait d'une fin, la fin du vieil esprit clérical dominant la politique, s'y ingérant, la confisquant à son profit, ou se laissant accaparer lui-même par l'État au détriment de l'Église. Devant la liberté de conscience chacun s'inclina. Tous avaient besoin d'elle, tous la saluèrent comme un arbitre. Louvois, les dragonnades, les démêlés de Louis XIV avec Innocent XI, la suppression des Jésuites, les lettres philosophiques de Voltaire détruites par

1. Exposition de Chicago, août 1893.

le bourreau, Calas roué[1], La Barre brûlé[2] constituaient à la liberté de tous une auréole de sang qui la rendaient sainte et intangible.

Il n'en alla pas de même « du culte ». Les prêtres, les nobles voulaient bien que tous les cultes fussent tolérés; ils consentaient mal à ce que le leur, qui était le vieux culte national, ne fût pas « le culte dominant ». En quoi consisterait cette domination? Serait-elle simplement honorifique, nominative? Ou bien serait-elle effective? Le culte catholique se contenterait-il d'être désigné sous le nom de « culte d'État »? Le droit d'enseigner, de prêcher, de promener ses emblèmes lui suffiraient-ils? Les protestants pourraient-ils nier publiquement l'autorité du pape, bâtir des temples, contester l'Eucharistie? Les Juifs seraient-ils autorisés à ouvrir des synagogues, à saigner les viandes à leur façon? Les mahométans, auraient-ils le droit de maudire dans leurs mosquées les chiens de chrétiens? Les libres penseurs seraient-ils

---

1. Calas accusé faussement d'avoir étranglé son fils pour l'empêcher de se faire catholique, fut condamné par fanatisme au supplice de la roue (1762).

2. Le chevalier de la Barre accusé d'avoir mutilé un crucifix sur le pont d'Abbeville, fut condamné à avoir la langue et la main droite coupée, puis à être brûlé vif (1766).

laissés libres dans les journaux, dans les livres de glorifier la matière? Toutes ces questions, les représentants de la France se les posèrent. Qualifier un culte de « dominant », c'était ouvrir la porte à tous les arbitraires, à toutes les ergoteries et finalement à toutes les tyrannies. « Culte dominant! » je n'entends pas ce mot, s'écrie Mirabeau, et j'ai besoin qu'on le définisse[1]! Les défenseurs des vieilles coutumes nationales, impuissants à répondre, ont recours aux sarcasmes : « Chacun choisira une religion analogue à ses passions. La religion turque deviendra celle des jeunes gens; la religion juive celle des usuriers; la religion de Brahma celle des femmes[2]! » Bref, l'Assemblée renonce à cette qualification de « dominant » que les catholiques voulaient conserver à leur culte. La logique a été plus forte que les scrupules : le *Moniteur universel* ne relate pas à quel nombre de voix la décision fut prise; mais il n'est pas téméraire de penser qu'elle ne rencontra pas une opposition nombreuse. Dès cette date la passion de l'égalité à outrance avait envahi presque tous les prêtres sans exception.

---

1. Séance du 23 août 1789.
2. Séance du 23 août 1789

et un grand nombre de nobles au même degré que le tiers-état.

De l'épithète de « dominant » les défenseurs de l'État chrétien passèrent alors à celle d' « établi ! » Culte établi ! « Tout citoyen qui ne trouble pas « le culte établi » ne doit pas être inquiété ! » Ils ne pouvaient pas se résigner au découronnement officiel. La logique une seconde fois le leur imposa. Culte établi, à la consonnance près ressemblait fort à « culte, dominant ». Ce qui est établi domine ce qui ne l'est pas, l'Assemblée passa outre.

Elle se trouva alors en face de la rédaction proposée par le comte de Castellane [1] :

« Nul homme ne doit être inquiété pour ses opinions religieuses, ni troublé dans l'exercice de son culte. »

— Je suis parti d'un principe sacré, s'écria l'orateur, celui que nous lisons dans tous les livres de morale : ne faites pas à autrui ce que vous ne voudriez pas qu'on vous fît.

Qu'opposer à cette affirmation ? Rien. Et nulle riposte n'y fut faite. L'archevêque de Paris [2] pria

1. Député de la noblesse du bailliage de Châteauneuf en Thimerais.

2. Leclerc de Juigné, archevêque de Paris.

l'Assemblée de décider « qu'il n'y avait pas lieu à délibérer ». Ce fut le seul argument d'un parti, ou mieux encore d'une caste vaincue; car, on ne saurait trop le redire, ce qui était disqualifié ce n'était pas la religion, c'était l'usage politique qu'en avait fait la royauté et que quelques chefs du catholicisme français, insuffisamment édifiés sur les tendances intellectuelles de leur pays prétendaient en faire encore à l'avenir.

Les États généraux de France en l'an de grâce 1789 proclamèrent que chacun était libre de penser et d'agir suivant sa conscience religieuse, ajoutant pourtant cette restriction : « Pourvu que sa manifestation ne trouble pas l'ordre public établi par la loi. » Celle-ci a permis en ce siècle bien des tracasseries, que le maintien intégral de la rédaction du comte de Castellane eût rendu impossible. Il est certain que sans elle les processions catholiques, le port des emblèmes religieux, des costumes monastiques fussent toujours restés libres. Il n'en est pas moins acquis qu'au début de l'ère nouvelle la France a entendu se déchristianiser politiquement. Elle a abdiqué alors la religion comme elle a pris depuis la république pour ne pas avoir à choisir entre tous les prétendants qui voulaient lui imposer leur joug.

Ce dédoublement de la personnalité politique de la France blessait trop d'intérêts, enlevait au despotisme trop d'armes de tout genre pour que les deux partis combattants, tous deux aussi vaincus que vainqueurs acceptassent d'emblée les conséquences de leur victoire ou de leur défaite. Avant que les États généraux fussent dissous une bataille suprême fut livrée.

Le 12 avril 1790 les tenants de « l'État officiel chrétien » les sommaient de voter la rédaction suivante :

« La religion catholique, apostolique et romaine est et demeurera pour toujours la religion de la nation et son culte sera seul autorisé. »

C'est un moine, un chartreux, qui a eu la funeste idée de s'établir sur cette position. Qu'il en est vite délogé! et avec lui tous les imprudents qui l'y ont suivi : Cazalès! d'Espréménil! Clermont-Lodève! Mirabeau-tonneau! l'abbé Maury! il semble qu'un reflet de jour funèbre éclaire cette inoubliable séance! Tribune prise de force! Duels! Cris! Huées! Menaces! On y voit toutes ces choses! Et on y voit aussi une Assemblée, si fière de ses idées de sécularisation qu'elle décrète non pas par voie de scrutin public, mais, par simples mains levées « qu'elle ne peut ni ne doit délibérer sur une pareille motion! » Et qui lui propose cette dédaigneuse fin de non-recevoir? Un grand seigneur! Un La Rochefoucauld[1]! C'est la déroute! Le coup sera mortel. Le gallicanisme est mort et avec lui l'État chrétien! Il n'y a pas eu hésitation. L'union du sacerdoce et du royaume a été définitivement condamnée dans les plus grandes assises nationales que la France ait jamais tenues.

Mais dans cet effondrement de la vieille tradition française les victorieux n'ont pas été moins blessés que les vaincus. Affranchie, la religion catholique leur échappe; le pape devient tout puissant! L'État veut se passer d'elle, elle se passera de lui. Les constituants n'y avaient pas songé, que faire? Alors ils inventent cette monstruosité, qui s'appelle la constitution civile du clergé: l'État se fait administrateur délégué, grand prêtre d'une religion qu'il ne reconnaît pas comme sienne. Quel est ce despotisme? La

―――――――

1. Le duc de la Rochefoucauld, député de Paris.

moitié de la France s'insurge. En Vendée, en Bretagne, dans le Lyonnais, dans la Rouergue on se bat, on se fusille! Pas de calotins d'État! Mieux vaut point de prêtres du tout! La démonstration est faite : l'État moderne, l'État démocratique, ne peut plus être que laïque, c'est-à-dire indifférent aux religions qu'il plaira aux citoyens de pratiquer. Toute tentative faite par la suite pour réenchevêtrer l'Église et l'État échouera. La France a entendu se faire une conscience libre. Quels que soient les regrets d'esprits attardés, ou les efforts de ses gouvernants pour remettre l'idée religieuse sous leur domination, elle poursuivra son émancipation savamment, sûrement, jusqu'à ce qu'aucune entrave n'y fasse plus obstacle.

En 1800, Bonaparte entreprend de reconstruire la France. Les églises gisent à terre. Le Premier Consul les rêve asservies. Peu lui importe la vérité de la foi. Ce qu'il veut c'est un *instrumentum regni*, dont il aura le maniement exclusif. Il songe par statut législatif à en créer une essentiellement française dont il sera le chef suprême. Une papauté napoléonienne n'est pas pour lui déplaire. Le roi d'Angleterre, l'empereur de Russie, le sultan des Turcs sur leur couronne ont une tiare. Mais il se souvient de 1789 et il renonce à son rêve avant même de l'avoir réalisé : « Il n'aurait jamais la coopération nationale[1]. » Qu'invente-t-il alors? Le concordat de 1804 lequel n'est qu'un compromis entre la vieille théorie de l'État chrétien et celle de l'État laïque. L'État n'a plus de religion officielle, mais l'église catholique est sous sa férule. D'abord celle-ci s'y range avec enthousiasme. Condamnée à mort depuis dix ans, elle recouvre le droit de vivre. Telle est sa joie de renaître à l'existence, qu'elle accepte toutes les volontés du despote, toutes les humiliations qu'il lui plaît de lui imposer. Pape, évêques, prêtres, rampent à ses pieds. Pie VII vient de Rome pour le sacrer empereur. Un simple tribunal diocésain annule son mariage avec Joséphine. Maury est fait archevêque de Paris à l'insu du pontife souverain. Des évêques indignes prennent le parti de l'empereur contre celui du pape. Rousseau[2] mande à ses ouailles que « le pape est aussi libre en sa prison de Savone

1. Mémorial V. 353 (17 août 1816).
2. Rousseau, évêque d'Orléans.

que sur le trône de Rome. » Un tel État n'a que les apparences de l'État chrétien. En réalité il est laïque, persécuteur et incrédule. Les prêtres mettront quinze ans à s'en apercevoir : mais lorsque l'auteur du Concordat tombera du haut de son despotisme ils se jetteront à corps perdu dans les bras de la monarchie restaurée espérant d'elle, la protection, la confiance et la foi que l'empire ne leur a point donnés.

De 1815 à 1830 il n'est plus question que « de trône et d'autel » ou que « de monarchie chrétienne ».

Du coup, toutes les défiances de la vieille société laïque se ravivent. Les gouvernements vivent ou périssent par les mots. On peut dire que la restauration est morte de ces deux formules. Elles résumaient tous les griefs de l'ère nouvelle contre l'ère ancienne, prépondérance ecclésiastique, dotations épiscopales, censure contre la presse antireligieuse, lois contre le sacrilège, billets de confession exigés des fonctionnaires, curés et évêques politiciens. Du bout de la France à l'autre bout, un immense tolle s'élève. Ce ne sont plus des révolutionnaires ou des incrédules de profession qui s'arment pour la défense du laïcisme inauguré par la Révolution. Ce sont, comme trente ans auparavant, des libéraux et des chrétiens. Ils s'appellent Molé, Portalis, Lainé, Royer-Collard, de Barante, Pasquier, de Broglie, Montlosier. Les jésuites sont chassés des petits séminaires. La « congrégation », association mondaine fondée par le P. Roussin, « en vue de conserver par la prière, par la charité, par des camaraderies honnêtes, la religion et les mœurs des jeunes gens » est vilipendée. Il est vrai qu'elle est investie d'une puissance occulte. N'obtient ni emploi ni avancement dans le civil et dans l'armée, celui qui n'en fait point partie. La « congrégation » ne fait pas long feu. On la montre au doigt; le peuple n'attend qu'un signal pour la rosser, et il la rosse dans les théâtres de province, où il acclame Tartufe, dans les églises, où il siffle les prédicateurs, escalade les chaires, et répand des gaz méphitiques. Le peuple fait valeter ces curés et ce gouvernement officiellement complices. Mais ne croyez pas qu'il bannisse pour cela toute religion. Bien au contraire, il veut la liberté de sa foi et de ses croyances, et il l'exige même, allant jusqu'à obliger, la trique à la main, ses prêtres et le gouvernement dont ils dépendent, à rendre les honneurs chrétiens à tous ceux qui en portent le nom [1].

Cette seconde affirmation du laïcisme français fut une des plus décisives. D'elle naquit l'appoint que le clergé et que les papes eux-mêmes lui ont donné, depuis soixante ans, à leur insu. Traquée, arrêtée sur les jarrets par le peuple, à cause de son association avec le pouvoir, l'idée chrétienne comprend que seule, la liberté lui permettra l'expansion ; et qu'est-ce alors, en ces matières, que la liberté, si ce n'est l'indifférentisme d'État ? Alors le décor change. De rampants, les prêtres deviennent fiers. Ils crient au peuple qu'ils entendent être les maîtres de leurs dogmes et de leurs enseignements. Un moine écrit dans l'*Avenir* : « La religion gallicane (nous dirions actuellement la mainmise de l'État sur le pouvoir spirituel), née à Paris le 19 mars 1682, dans les bras de Louis XIV et de madame de Maintenon, est décédée en la cent quarante-huitième année de son âge, le 28 juillet 1830. » La monarchie de juillet taquine le clergé, le brime, le vole [2].

1. Lors des obsèques de l'acteur Philippe, le peuple s'empara du cadavre et le porta tumultueusement aux Tuileries, demandant au roi d'intervenir pour contraindre le clergé à accorder au mort, l'honneur de ses prières et de ses cérémonies.

2. Voir à ce sujet les belles études de M. Thureau-Dangin dans son *Histoire de la Monarchie de Juillet*.

Peu lui importe. Lacordaire et Montalembert à sa tête, il marche vaillamment à la conquête de son indépendance, sans s'apercevoir qu'un État, dont les églises répudient la tutelle, par le fait, tend à perdre son caractère chrétien pour devenir sinon ennemi de toutes religions, du moins ignorant d'elles toutes, et, pour parler sans ambages, un État laïque.

La seconde république concéda à ce clergé révolutionné, la liberté d'enseignement. Celui-ci prit sa conquête comme une avance faite à l'idée religieuse, alors qu'elle n'avait été de la part de l'État, qu'une récompense de ses attitudes.

Sous le second Empire, dont on vante si fort la tolérance, je ne vois pas la plus petite préoccupation de cette union du sacerdoce et de l'État, généralement qualifiée d'État chrétien. Des évêques asservis, des prélats sans dignité, il y en eut et beaucoup. Mais que l'on cite un acte protecteur du pouvoir envers l'idée chrétienne? Qui a dépouillé le pape? Qui a glorifié Renan [1]? Qui a laissé le concile du

---

1. M. Renan fut un des familiers du premier prince du sang, le prince Napoléon. Et un bruit qui ne fut jamais démenti, a fait de lui, en 1870, un des candidats de l'empereur au Sénat.

Vatican proclamer l'omnipotence papale et répudier toute ingérence des États soi-disant chrétiens, dans les affaires de l'Église catholique ? En laissant tuer sans mot dire le gallicanisme sous ses yeux, le second Empire a fait acte de laïcisme. Il s'est désintéressé d'une religion, qui, de son côté, déclarait formellement vouloir se passer de lui.

Un instant, l'Assemblée nationale, en 1871, a tenté de restaurer l'État chrétien, non pas qu'elle ait songé à refaire l'antique union de l'Église et de la France. Cette union ne pouvait s'accomplir que grâce à de mutuelles concessions, et l'Église catholique n'était déjà plus capable d'en faire une seule. Mais sollicitée par cette Église elle-même, par une poignée de militants, très audacieux et non sans éloquence [1], elle voulut donner à l'allure gouvernementale un caractère religieux. Elle mit le nom de Dieu en tête de la Constitution de 1875. Elle décréta que des prières publiques seraient adressées au ciel, chaque année, le jour de la réunion des Chambres.

Dès le début, elle avait décoré du nom de

----

1. Il suffit de rappeler les noms de M. de Belcastel, de M. Chesnelong, du général du Temple, de M. Jean Brunet et surtout celui du comte de Mun, alors capitaine de cavalerie.

« vœu national » l'œuvre consistant à édifier une église, à Paris, sur la butte Montmartre. Ce furent là des actes de politique décorative ; ce ne furent pas des actes constitutifs d'État chrétien. Nul n'était tenu, nul n'était obligé ; l'État restait laïque malgré lui, laïque bienveillant il est vrai, et légèrement embéguiné, mais ne protegeant pas l'Église et non protégé par elle.

Il n'est point nécessaire de rappeler la lutte entreprise par les fondateurs de la République actuelle contre ce que son chef appelait « l'ennemi », pour montrer que celle-ci n'a jamais été et n'a jamais entendu être que laïque. Elle a poussé sa passion jusqu'à mettre tour à tour à la tête de l'administration des cultes, M. Ferry dont l'incrédulité avait été publiquement mise aux voix par M. Koechlin, son beau-père, lorsqu'il s'était agi de lui donner sa fille en mariage ; puis un protestant M. Spuller, lequel avant d'inventer « l'esprit nouveau » avait déclaré à l'Assemblée nationale, devoir poursuivre son œuvre de déchristianisation « lentement, mais sûrement », et enfin un certain Dumay qui est notoirement franc-maçon, et par conséquent l'ennemi de toute religion qui n'est pas simplement naturelle. Toutes ces sottises politiques et les taquineries, voire les persécutions qui en ont été la conséquence, telles que les privations de traitement pour les prêtres et les évêques indépendants, ou la récente loi sur la comptabilité des fabriques, loin d'enlever à l'État son cachet de laïcité, l'ont affirmé. En revanche, si ce même État tentait une incursion, si petite qu'on la suppose, dans le domaine dogmatique ou dans le giron administratif et disciplinaire de l'Église, avec quelle prestesse Rome et les catholiques feraient front à l'intru ! En 1877, quelques républicains, vieux jeu, M. Guichard à leur tête, ont essayé de ressusciter l'enseignement de la déclaration de 1682, dans les séminaires ! Ils ont simplement réussi à faire rire d'eux. Qu'il plaise à la République de supprimer une circonscription diocésaine ! Les catholiques jetteront des cris d'orfraie. Bonaparte, il y a quatre-vingts ans, avait su imposer à Pie VII toutes celles qu'il lui avait convenu d'inventer. Il fit et défit les évêques, Que notre République touche à une seule soutane violette, si elle l'ose !

Le divorce est consommé entre la société

civile et la société religieuse ; contrairement à ce qui arrive quelquefois dans certains ménages, jamais plus l'un des conjoints n'ouvrira les bras à l'autre. Ils sont dos à dos, ils y resteront. Vouloir leur faire revivre la vie commune, c'est courir au-devant du plus affreux déboire. Ni l'un ni l'autre ne s'y prêterait. Le pape moins encore que la société civile. Le pape est infaillible. De son infaillibilité doctrinale, il a fait et il entend faire une infaillibilité universelle, l'autorisant à dicter des politiques, à étayer les trônes ébranlés, à empêcher de relever les couronnes tombées. L'omnipotence papale est à son comble : la papauté a participé à l'orgueil d'un siècle, ou chacun se croit au moins l'égal de tous, et très souvent le supérieur. Cela est arrivé parce que cela devait arriver. Nul n'en est responsable, ni Napoléon III qui n'a pas osé être un Philippe le Bel, ni Pie IX qui s'est enivré de son sacerdoce. L'un et l'autre ont subi la poussée démocratique, qui avec plus ou moins de vitesse, entraîne le vieux monde vers des destinées nouvelles. L'individu a été affranchi par cette révolution de 1789 qui n'a sonné que des glas sur l'Europe, l'individu laïque aussi bien que l'individu ecclésiastique. Comme tous les solitaires, ils sont allés à la dérive, se gonflant de leur superbe, jouissant non pas de leurs folies mais de la possibilité de les accomplir, s'éloignant chaque jour davantage de leurs anciens maîtres, de peur de retrouver leur joug. La France a été l'initiatrice non seulement de son propre affranchissement, mais encore de l'affranchissement de l'Église. C'est son divorce voulu, c'est sa reprise d'elle-même qui ont fait la papauté actuelle. Sans s'en douter, elle a été une régénératrice de l'idée chrétienne, déshonorée par le contact d'un état frivole et hypocrite; celle-ci a cessé de lui servir de parure, et elle est en train de retrouver cette pureté de lignes primitive qui lui vaudra toujours l'admiration des âmes élevées.

Quoi qu'il en soit, s'il est permis d'entrevoir une république ou un empire tolérants, ne comprimant aucune libre pensée, pas plus la religieuse que l'incrédule, il est impossible de se figurer un État français, quel que soit le nom qu'il porte, se signant à l'avenir du signe du chrétien, imposant aux citoyens les enseignements du pape, faisant la police des séminaires et octroyant aux églises un privilège quelconque. Sans compter pour rien l'ombre de Voltaire et celle de ses nombreux fils, qui se dresserait comme une protestation, la logique, l'impitoyable logique qui ne connaît ni décorum ni sentimentalisme, lui opposerait chaque jour, comme une épée qui tue, les principes adoptés par la France dans les grandes assises de 1789. Ce qui est mort ne ressuscite jamais : c'est la loi des corps ; c'est aussi la loi des civilisations.

CHAPITRE IV

FEU LA VIEILLE FRANCE

La vieille France se meurt ; la vieille France est morte ! Cri de douleur ou cri de délivrance ! Nul en tout cas ne croit plus à la possibilité d'un retour à l'antique moule national, où la nation était hiérarchisée suivant certaines règles, où le temps, la tradition et les tacites conventions avaient pondéré tant bien que mal les intérêts petits et grands. L'idée de refaire un clergé politicien, classifié, ayant son droit d'ingérence dans la conduite des affaires publiques ne viendrait plus à l'esprit de qui que ce soit, fût-ce même d'un prêtre ou d'un évêque. Bonaparte ramenant avec lui le génie, distribuerait-il des titres de prince à ses généraux ? On peut en douter. En tout cas celui qui a fait le Code Napoléon n'essaierait certainement point de constituer une aristocratie terrienne, pouvant perpétuer sa richesse et par conséquent, sa puissance. On a pu encore en ce siècle élever des temples à la gloire ; la France n'a pas supporté que l'on en élevât à la naissance. Tout notre ancien ordre social, du haut jusques en bas, est définitivement bouleversé. Et s'il est vrai qu'un beau désordre soit un effet de l'art, nous pouvons nous vanter d'être les plus grands artistes du monde : nous avons poussé celui de notre société jusqu'aux limites extrêmes. Politiquement, socialement, moralement nous n'avons conservé quoi que ce soit du passé. Foin des ancêtres, foin de la tradition ! Nous créons ou nous croyons créer chaque jour quelque chose et nous ne jetons même plus un coup d'œil en arrière sur nos morts.

Donc, dressons le bilan des héritages disparus ! Celui de l'ordre gouvernemental d'abord.

Où sont les cadres gouvernementaux ? Je ne parle pas du cadre général, de celui qui enser-

rait dans ses rainures la France d'avant 1789.
La monarchie est morte depuis les États généraux ; depuis l'an de grâce 1873, elle est en-
terrée. Dans un chapitre précédent[1], j'ai conté
ses successives agonies. Mais, de même qu'elle
a laissé de royales demeures à la République
qui lui a succédé, de même elle nous avait
légué des institutions, des principes qui, pendant un certain temps, avaient pu faire croire
à la perpétuation de son esprit à travers les
âges. Tels un pouvoir central autoritaire et
fort, une seconde chambre au choix de ce pouvoir, un régime appelé parlementaire, le droit
de grâce concédé au chef de l'État, celui de
grader au choix un officier, et brochant sur le
tout un certain esprit de direction soufflant
d'en haut et se répandant sur toutes les branches de l'activité nationale. Que reste-t-il de
ces choses ?

Cinq présidents de république se sont succédé depuis vingt-quatre ans. MM. Thiers,
Mac-Mahon, Grévy, Carnot et Casimir-Perier.
M. Thiers a essayé d'imposer des idées très
imbues de monarchisme à une Assemblée

---

1. Deuxième partie, chapitre premier, *de l'Impossibilité d'en
revenir à la monarchie.*

royaliste, mais beaucoup plus libérale qu'il ne l'était lui-même. Au bout de deux ans le pouvoir lui est arraché sans souci de ses talents ou de ses services. L'Assemblée nationale entend gouverner au lieu d'être gouvernée. — Mac-Mahon est porté aux affaires et, moins de quelques mois après son élévation, il apporte lui-même au Parlement cette Constitution de 1875 réduisant le chef du pouvoir exécutif à l'état d'automate. Un instant, par l'organe de M. de Chabaud-Latour, son ministre, il a songé à se faire octroyer le droit de choisir des sénateurs; devant la risée des députés il y renonce. Ce que l'on aurait difficilement accordé à un roi, lui est impitoyablement refusé. Plus tard, il veut maintenir à la tête de son commandement Ducrot, son ami, un brave! il est obligé de le sacrifier aux objurgations de parlementaires insatiables de despotisme. Les présidents Grévy et Carnot n'ont été que des enregistreurs. Ils ont été accusés de laisser avilir la fonction dont ils étaient revêtus. Rien de plus injuste. A la moindre résistance, ils eussent été brisés. Quant à M. Casimir-Perier on ne peut en parler que pour mémoire, comme de ces torpilleurs qui coulent à leur premier contact avec la mer. Qu'on se rappelle aussi les six semaines

de pouvoir si péniblement concédées à celui
que la démocratie appelle encore son chef, et
dont elle auréole chaque jour le nom, à Gambetta! La démocratie ne supporte pas le plus
petit frein; l'idée de s'en aller de par le monde
rênée comme un cheval de carrosse, lui fait
horreur. Mirabeau avait entrevu cette conséquence inévitable de son avènement; dès il y a
cent ans, il avait proposé d'établir ce qu'en
fait nous voyons : une chambre unique, gouvernant sous le voile de l'anonymat, nommant
les ministres, faisant office de roi. Le fameux
général qui doit rétablir l'équilibre gouvernemental, cet X, inévitable, paraît-il, pourra com-
primer deux ans, peut-être davantage, l'ex-
plosion d'orgueil d'un peuple devenu inapte
à la soumission et au respect; au bout de
ce temps, il tombera sous les huées de la
foule, c'est-à-dire du suffrage universel. Tant
que celui-ci existera, — et j'ai établi qu'il
vivrait aussi longtemps que notre civilisation, — il n'y a plus d'autre gouvernement
possible que celui de la rue. Depuis cent ans,
la rue est partout. Elle était à Versailles les
5 et 6 octobre 1789. De 1790 à 1800, elle est à
la Convention, au Directoire. Pendant les Cent
Jours, elle reparaît au Champ-de-Mars. C'est

elle qui fait de Louis-Philippe un fantoche couronné. Le 2 décembre 1851, elle acclame un aventurier; le 8 mai 1870, elle le réacclame. Le 4 septembre suivant, elle lui lance des pommes cuites, et c'est encore elle qui a jeté à la porte les trente-six ministères qui se sont succédé depuis vingt-quatre ans aux affaires. Donc, ne parlons plus de pouvoir fort. Il y en a un qui les écrase tous, c'est celui du suffrage populaire, mer immense qui ne procède que par flux et par reflux, et que la défiance publique ne peut jamais endiguer, car nul ne sait où elle finit : c'est à peine si qui que ce soit pourrait indiquer le nom que portent ses rives.

Les secondes Chambres, celles qui devaient donner au pouvoir la force de résistance contre les fantaisies de la rue n'ont été depuis leur formation que des oripeaux d'autoritarisme destinés à devenir des loques. Sous la Monarchie de Juillet, elles n'ont servi d'appui ni à M. Thiers, ni à M. Guizot. Sous le second Empire, le Sénat joua un rôle si effacé, qu'au jour de la débâcle, les émeutiers oublièrent de le supprimer. La démocratie républicaine a conservé l'institution, mais elle a eu soin de lui enlever toute empreinte monarchique. Le

Sénat républicain est un tuteur que le suffrage universel se choisit à lui-même, en lui imposant la condition de se montrer maniable. Tout aspect sévère lui est interdit. Il n'est ni le père ni le gardien des principes de gouvernement. A quoi il sert? On peut se le demander. En tous les cas il n'a plus rien de commun avec les secondes Chambres sous la monarchie où les rois se font refuser par des citoyens à leur dévotion, nommés par eux ou par leurs devanciers, les lois qu'il plaît aux élus du peuple de leur dicter.

Du régime parlementaire, préconisé par Clermont-Tonnerre, aux États généraux, subi par la Restauration, consenti par Louis-Philippe, et réessayé par Émile Ollivier en 1869, reste-t-il un reflet? La fiction monarchique décorée de ce nom était voulue. En principe le roi ne gouvernait pas, mais sa main se faisait sentir partout; ceux qui la déclaraient inutile dans leurs discours en subissaient le bienfaisant toucher dans leurs actes. Tant que le peuple n'eut pas le sentiment de sa toute-puissance il en alla ainsi : les censitaires de la Monarchie de Juillet constituaient une sorte d'aristocratie policée, pouvant se plier à des tempéraments, voire à des renoncements. Quand les Français furent entrés en pleine possession d'eux-mêmes, la rusticité du raisonnement reprit le dessus. Ils procédèrent par syllogismes : nous sommes les maîtres, donc nous devons être obéis. Ce fut la fin du parlementarisme. Désormais, le fonctionnement de ce régime mitigé de liberté et d'autorité est devenu de toute impossibilité au milieu d'un peuple féru de ses droits et de sa capacité. Le régime parlementaire ne peut plus être que l'expression de la toute-puissance du Parlement. Et nul n'ignore que six cents personnes absolument libres de tout lien ressemblent à s'y méprendre à six cents grenouilles croassant dans une mare!

Les chefs de notre État démocratique n'ont conservé des droits monarchiques que celui de distinguer les officiers ayant des aptitudes spéciales et celui de faire grâce de leur peine aux criminels. Du premier de ces droits, ils n'usent plus depuis longtemps. Les guerres que nous avons faites dans ce dernier quart de siècle, ont trop peu mis en évidence les mérites de ceux qui y ont pris part, pour en faciliter l'exercice aux présidents de république. Mais il demeurera toujours écrit dans nos lois comme une des nécessités du salut public, à la condition de ne s'en servir qu'en temps opportun. La démocratie est à la fois une policière merveilleuse vis-à-vis du pouvoir et un gardien émérite de sa propre vanité. — Le droit de grâce lui non plus ne disparaîtra point de l'héritage monarchique, droit régalien par excellence, mais qui donne à réfléchir à tous les sacripans que leur ambition met en vedette. Ils le considèrent comme une porte de sortie au cas où le lucre ou la révolte leur auraient mis le poignard à la main ; ils se garderont de la fermer.

Mais que le chef de l'État, en dehors de ces deux droits, consentis par le peuple, pèse sur les citoyens d'une façon quelconque, qu'il cherche à leur inculquer des idées à lui, à résister à leurs entraînements, quel que soit le nom qu'il porte, président, empereur ou tyran je l'en défie. Il se peut que César impose au peuple son joug ; mais du jour où ce joug contrariera ses tendances, ses défiances, son antipathie pour ce que d'autres ont nommé l'ordre moral, et que peut-être il serait temps d'appeler la discipline nationale, il le brisera.

Tel est le bilan de ce qui nous reste des anciens cadres gouvernementaux, bilan qui peut se traduire d'un mot : rien, rien, rien.

Du cadre politique, passons au cadre social. De celui-ci, il n'est absolument rien demeuré, pas même des ombres. Jamais société ne fut plus désemparée; elle flotte au cours des choses. Qu'on regarde en haut ou en bas le spectacle est le même. Qui dicte la loi de l'élégance, celle de l'esprit et de la bonne tenue, celle du respect ? Ce fameux faubourg Saint-Germain dont Bonaparte supportait si mal le nom, dont quelques attardés se préoccupent encore, où est-il? Où le voit-on? Ses anciens tenants épousent des juives, des filles d'usuriers ; qui n'épouseraient-ils pas ? Ils ont désappris les belles façons d'autrefois; ils se saluent mal entre eux; ils ne sont pas salués par les autres qui les ignorent. Une société cosmopolite a pris Paris d'assaut ; elle lui impose ses modes, sa désinvolture, son dégingandage. Pourvu qu'elle boive et qu'elle danse, peu lui importe le reste. Elle a, il est vrai, cherché à constituer une sorte de noyau ducal et princier, autour duquel elle gravite et qu'elle grandit outre mesure pour se grandir elle-même. Jamais on ne vit autant de ducs et princes de carton ! Ils sont le clinquant de la France actuelle comme les pâtes moulées sont devenues les boiseries des maisons. Dans ce grouillement où est la

discipline de l'esprit? D'où viendrait-elle? De
Cuba, de Francfort ou des Ghetti viennois? La
discipline a fait place à un immense laisser-
aller. Pour n'en citer qu'un exemple, les deuils,
chose sacrée! sont portés par les uns, oubliés
par les autres! Le bonnet sévère de la veuve
est égayé par de jolies fanfreluches blanches.
Le fils se montre sur les champs de course,
quinze jours après la mort de son père! Et
toutes ces équipées se font sans que nul ne
proteste. Qui donc a mission de les coter? A
quelle grande dame, à quelle famille, à quel
seigneur, reconnaissons-nous un droit de répri-
mande, fût-ce même de désapprobation? Les
vieux maîtres de maison d'autrefois sont tenus
d'ouvrir leurs portes à tout ce monde enva-
hisseur, sous peine de voir déserter leurs salons
par une société qui a jeté son bonnet élégant
et compassé par-dessus les moulins.

Je ne parle que pour mémoire de l'autorité
des pères de famille. Ils font le moins d'enfants
possible, et ceux qu'ils font ils les élèvent dans
un seul culte, celui de l'argent. Leur fils sera-
t-il un homme de bien, un homme marquant,
ou simplement un cancre? Une chose, une
seule leur importe, qu'il soit riche. Riche, il
s'imposera; riche il brillera; riche il s'amu-

sera. Et le fils ainsi éduqué n'accepte ni un conseil ni un reproche et un ordre moins encore.

Que dire de ce que l'on nommait les situations mondaines? Il n'y en a plus une seule. Je défie que l'on cite dans Paris un salon, dont la fréquentation ajoute à la notoriété d'un homme, ou à la situation d'un jeune ménage. Nul ne vaut, même dans la société aristocratique et frivole, que par les plaisirs qu'il procure, ou par les ennuis qu'il donne. L'égalisation s'est faite là comme ailleurs. Vous pouvez être vertueux, spirituel, instruit, chef d'un des trois ou quatre partis mourants qui ont jadis passionné la France, vous ne donnerez à ceux que vous honorerez de votre amitié, ni une parcelle de considération, ni l'ombre d'un appui. Je sais des gens ayant acquis la notoriété du champagne et des faisans, laquelle ne se communique pas; je n'en connais aucun d'assez bien posé pour faire épouser une jolie fille sans le sou à un affreux monsieur très fortuné.

Plus on descend l'échelle sociale, plus le brisement du cadre est apparent. La vanité est le vernis des classes élevées, parfois encore elle fait à celles-ci une surface. En bas, la réalité

apparaît toute nue. Le peuple a la franchise de
ses vices. Or le peuple a été depuis vingt-cinq
ans privé de tous les secours; du bon exemple,
qui le portait à imiter son gouvernement soit
que celui-ci jugeât, soit qu'il sévît, soit qu'il
flétrît; de la religion surtout qui n'avait pas
une morale flottante, qui précisait les devoirs,
et qui blâmait les défaillances. Isolé, le peuple
est allé à la dérive; il a usé du divorce, il s'est
essayé à de petites escroqueries qu'une loi nouvelle exempte sinon de condamnations, du moins
de toute peine jusqu'à récidive; il s'est habitué à
ses gouvernants, à leur flair des bonnes affaires,
à la réussite de leurs entreprises louches. Il les
a entendus geindre sur l'injustice des fortunes
faites et le ton de leur voix est entré dans sa
bouche. Il faut que ce peuple soit cent fois
plus moral, cent fois plus endurant que tous
les autres, pour avoir conservé au milieu du
brouhaha d'idées dans lequel il a été jeté, cette
bonté native, cette pitié chrétienne, ce tact du
bien et du mal qui le caractérisent encore.
Nulle part on ne voit plus de dédain qu'en
France pour les directeurs de consciences ou de
cerveaux; nulle part en revanche on ne trouve
moins d'égoïsme, et, pour tout dire, moins
d'amertume contre les disproportions sociales.

la France est humaine. L'esprit chrétien l'a si fortement pénétrée qu'elle l'exprime malgré elle. Et c'est dans cette disposition de sa nature que nous trouverons bientôt le plus précieux élément de sa reconstruction.

En finissant cet examen, jetons un coup d'œil sur le cadre moral de ce pays. Comme les autres il a complètement disparu. Qui pourrait dire ce qui est unanimement considéré comme un bien ou comme un mal? Depuis que la morale a été proclamée indépendante, elle a entendu jouir de sa liberté. M. de Lesseps, M. Baïhaut et les plus hauts dignitaires du gouvernement républicain, ont pu commettre la plus grande escroquerie du siècle, mettre cent millions dans la poche des journalistes et des députés, en enfouir quatorze cents dans un isthme large de vingt-cinq lieues, et trouver des défenseurs, presque des admirateurs. — La religion est officiellement respectée par les lois, mais sous prétexte de neutralité une guerre au couteau est déclarée à tous ceux qui étant au service de l'État laïque, entendent la pratiquer. Un instituteur n'est pas libre de fréquenter l'église, un gendarme d'envoyer son fils à l'école chrétienne, le soldat d'entendre la messe le dimanche. Et toutes ces vexations laissent la France impassible. Les gens qui font profession d'honnêteté disent : il n'y a plus rien à faire. Les évêques non seulement ne protestent plus, mais encore ils se recommandent à la bienveillance de l'État athée. Étrange moralité, qui consiste à dire merci à chaque nouveau coup de trique reçu ! Chose inouïe! pendant que le vieux cadre moral se brise, les mœurs individuelles demeurent à peu près stables. La criminalité a augmenté, mais ni plus ni moins que dans les pays à cadres officiellement vertueux. L'Allemagne, dont les souverains ont perpétuellement Dieu à la bouche et qui se pique de respect pour toutes les hiérarchies, nous dépasse de bien des coudées, qu'il s'agisse de coups et blessures, de viol de propriété, d'enfants naturels, ou de divorces [1]. Notre immoralité est officielle; elle est surtout d'État et de gouvernement. Nous faisons moins d'enfants naturels que les autres peuples, ce qui est un fait de moralité individuelle, en revanche nous ne faisons que fort peu d'enfants légitimes, ce qui est un fait d'immoralité d'État, car c'est l'État qui, avec son Code, met l'embargo

1. Se reporter au chapitre IV de la deuxième partie *(tableaux comparés de la criminalité européenne).*

sur les fortunes et par conséquent sur la production. Nous volons beaucoup moins que les austères Teutons; en revanche l'indélicatesse des représentants du peuple, leur culte pour le pot de vin dénote une grande dépravation d'État, car l'État ce n'est pas nous, c'est eux. Rentrés dans l'obscurité, ils ne sont ni plus ni moins immoraux que leurs compatriotes; dès qu'ils s'élèvent aux sphères gouvernementales ils perdent la notion du bien et du mal. Il est donc vrai de dire que notre cadre moral est en miettes. Nous sommes tellement habitués à mépriser nos gouvernants, et à obéir aux lois qu'ils nous ont faites que nous menons sans lui la même vie morale que menaient nos devanciers. Nous ne sommes plus soutenus par rien dans son expression. Nous flottons au gré de notre atavisme, et nous nous faisons une vie réelle absolument personnelle, très distincte surtout de celle que nous imposait jadis la direction gouvernementale.

Quels sont les signes caractéristiques de cette vie nouvelle? Où et quand arrivera-t-elle à sa pleine floraison? Je le dirai dans un prochain chapitre [1]. Que ceux qui s'indignent contre le

1. Voir troisième partie chapitre IV.

spectacle de la France contemporaine calment leur colère. Ni notre légèreté de ton, ni le scepticisme officiel ne nous ont enlevé une parcelle de notre moralité. Nous avons derrière nous quinze siècles de christianisme, de sentiments élevés et de bon goût qui vaudront toujours plus à notre moralité nationale que les tartuferies de la maison de Brandebourg, vieille de trois siècles à peine ou que les égoïsmes invétérés du peuple anglais. Ni les dévouements, ni le culte de la patrie, ni l'amour de Dieu, ne sont morts en nous. La Révolution les a individualisés en chaque citoyen comme elle a fait du reste; elle n'a détruit que le cadre où ils étaient contenus. Jadis Louis XV lavait les pieds de douze pauvres le Vendredi-Saint; deux mille gentilshommes se faisaient tuer à Fontenoy; des *Te Deum* étaient chantés à Notre-Dame au début et au couronnement de toute entreprise d'État, et la France poudrée, incrédule, noceuse du xviiie siècle avait un prétendu cadre moral !...

En perdant ces hochets d'apparat, celle du xixe n'a point perdu sa moralité. Tout au contraire elle l'a affirmée. Les citoyens ont été obligés de se découvrir. On les voit tels qu'ils sont, non tels que l'on souhaiterait qu'ils fussent. La véracité est entrée dans les mœurs.

Le spectacle est plus corsé, plus indécent, il est infiniment plus réel. Les athées affirment leur athéisme; les abbés faisant profession d'incrédulité ont disparu. Les présidents de République n'invoquent plus le Tout-Puissant; mais les Du Barry ne distribuent ni places ni faveurs.

Quant aux fripons, ils sont de tous les temps; je ne vois pas la différence entre le Régent, protecteur de Law, et les ministres protecteurs des bons du Panama. M. de Lesseps a acheté les députés; Louis XVI avait payé la conscience du seul Mirabeau deux millions. Si nous voulons être francs vis-à-vis de nous-mêmes il faut reconnaître que la moralité démocratique n'est nullement inférieure à la moralité monarchique. Nous avons supprimé l'hypocrisie, nous serions des sots de la regretter. Quant à recouvrir notre incrédulité, notre passion du lucre, notre goût pour le malpropre, d'un vernis qui les dissimule, il y faut renoncer. Nous ne sommes plus comprimables. La force d'expansion qui est en nous, attisée par vingt-cinq années de laisser faire absolu éclaterait comme une cartouche de dynamite faisant voler en morceaux et le pouvoir, et les attardés d'un monde qui n'est plus.

La vieille France à cadres politiques, sociaux et moraux a disparu pour jamais. Sur les trente-huit millions de citoyens dont elle se compose on n'en trouverait plus guère, croyant à la possibilité de les reconstituer. Il n'était point inutile pourtant de marquer cette mort d'une croix, ne fût-ce que pour nous livrer en toute liberté d'esprit, à nos calculs d'héritiers. Que ceux qui ne conçoivent qu'une France empanachée de royalisme, gourmée et truquée, s'élèvent à eux-mêmes un mausolée dans les vieilles Tuileries dévastées! Le promeneur passant auprès, se découvrira; car le chrétien que tout Français porte en lui, a le respect des cimetières. Mais qu'ils y laissent toute espérance de retour au passé. Le temps où les morts ressuscitaient n'est plus.

TROISIÈME PARTIE

LA RECONSTITUTION

CHAPITRE PREMIER

LA RECONSTITUTION SOCIALE

Au milieu des décombres amoncelés par ce que j'ai appelé le grand branle-bas, de jeunes tiges apparaissent, qui indiquent l'éclosion d'une vie nouvelle. Sur elles pointent les aspirations d'une nation prodigieusem tinitiatrice et généreuse. Une fois écloses, il est certain qu'elles formeront un branchage superbe dans lequel s'encadreront merveilleusement tous les grands intérêts sociaux.

Certes, ce ne sont ni les attardés du vieux monde, ni les Jérémies du nouveau qui peuvent entrevoir ces avenirs consolateurs; pour s'y préparer et pour les préparer, il faut un grand désintéressement individuel et une philosophie impassible. Ne les a pas qui veut. La passion du regret est une très humaine passion. La louange du passé, le contentement de soi, l'habitude de s'ennuyer ou de souffrir d'une certaine façon, sont innés aux citoyens de presque tous les pays, si bien qu'ils acceptent avec la plus grande défiance toute amélioration à leur sort, dont ils ne sont pas les initiateurs. Louis XVI ne parvint qu'à grand'peine à faire planter la pomme de terre par les cultivateurs français. M. Thiers, ministre des travaux publics sous le roi Louis-Philippe, s'opposa à l'établissement des voies ferrées. De même, prouvez à M. X... qu'il aura trois fois moins d'argent à verser au trésor public le jour où les innombrables charges qui pèsent sur toutes les branches du prolétariat auront été remplacées par un impôt unique appliqué au revenu de chacun, il vous traitera d'anarchiste en se décernant un brevet de haute intelligence. Et c'est ainsi que le bien et le mieux sont si difficiles à faire éclore; ils portent en eux l'immense inconvénient de la nouveauté.

Mais ceux qui regardent en avant n'en aperçoivent pas moins ces bienfaits repoussés, lesquels vont s'imposant jusqu'à ce qu'ils aient pris possession des êtres. Leur rôle est d'ouvrir la voie, d'acclimater les citoyens et de coopérer, fût-ce malgré ceux-ci, à ce qui augmentera un jour la paix de leur foyer. C'est pourquoi, malgré ce qu'en pourront penser les docteurs terrifiés du vieux monde bourgeois, je veux indiquer le classement social vers lequel nous marchons, ainsi que la forme du cadre où la France moderne, avant qu'il soit longtemps, se sera enfermée. Peu importe les haussements d'épaules, les injures ; celui qui écrit pour ne rien dire a droit à la banalité de l'indifférence. Je n'ai qu'une préoccupation, celle d'amener par ma plume les classes privilégiées, c'est-à-dire les riches, à vouloir ce que veut le peuple, à accomplir par la loi ce que les prolétaires ne manqueraient pas d'accomplir par la force. Nous sommes à un moment de notre histoire où les conservateurs sont dans l'obligation de faire une révolution sociale. Après les privilèges du rang, après celui des classes, il leur appartient de renoncer à ceux de l'argent ; et pour que le prolétaire consente à laisser en paix le bourgeois, il faut que le bourgeois concède au prolétaire ce qui lui est légitimement dû. L'équilibre social est à ce prix, et avec l'équilibre la reconstitution. Puissent les bourgeois qui nous gouvernent comprendre cette nécessité et prendre la tête du mouvement réformateur. Que si, au contraire, ils s'abritent dans la citadelle gouvernementale comme derrière un fort imprenable, avant qu'il soit longtemps, ils seront culbutés par une simple chiquenaude du peuple.

Le peuple se considère comme lésé dans ses droits, et quand je dis peuple, je ne dis pas tous les citoyens non classés parmi les gens qualifiés de bourgeois. Le paysan, attaché à la glèbe, qui en est propriétaire, qui la triture, qui vit de ses produits, n'a pas contre notre régime social les révoltes de l'ouvrier salarié. Il en a pourtant, parce que, depuis l'origine du monde, personne n'est content de son sort. Mais elles sont injustes et partant sans danger. La révolution de 1789, en jetant dans le domaine public les biens du clergé et ceux des émigrés; le Code, en détruisant les majorats et les substitutions, ont donné à la terre son maximum d'élasticité sociale. Tout possesseur de terre n'a plus le droit de se dire lésé; il a à sa disposition la matière première, sur laquelle il est à même d'exercer un travail dont il recueillera seul le bénéfice.

Les fermiers, ceux qui cultivent de leurs mains le sol possédé par autrui, pourraient être tentés de prétendre qu'ils sont exploités par leurs maîtres, et réclamer leur part dans la mise en valeur de l'immeuble qu'ils détiennent à bail. S'ils invoquaient des principes d'équité, les faits leur répondraient. Toutes les fois qu'ils cultivent à moitié un domaine, capital et travail sont rémunérés dans une proportion identique. S'ils le cultivent à redevance fixe, le bénéfice du travailleur est bien plus considérable encore. A titre de renseignement, voici le relevé des revenus comparés du propriétaire et du fermier dans une ferme de quarante hectares que je possède dans la commune de Saint-Michel, département d'Indre-et-Loire.

FERMIER

Revenu brut de la ferme. . . . . Fr.		8.520
Dépense d'exploitation et de nourriture. . . . Fr.	4.600	
Fermage à payer au propriétaire.	1.800	6.400
Bénéfice net pour le fermier . . . . Fr.		2.120

PROPRIÉTAIRE

Revenu brut de la ferme . . . . Fr.	1.800
Impôt, assurances, amortissement du capital pour réfection des bâtiments	720
Bénéfice net pour le propriétaire . . . . Fr.	1.080

Donc le fermier participe aux bénéfices dans la proportion de deux contre un.

Et ce qui est vrai de la ferme de Saint-Michel l'est de toutes les autres. Il n'en est pas une seule qui ne vaille à celui qui la cultive une rémunération double de ce qu'elle vaut à celui qui la possède. Il est donc juste de dire qu'en matière de propriété foncière, le travail est associé aux bénéfices dans une proportion bien plus grande que le capital. Les mœurs ont introduit la justice dans le domaine foncier. Ceux qui en vivent seraient dans les meilleures conditions de bonheur en ce monde si l'État, aussi embourgeoisé, aussi juif que le détenteur d'argent, ne s'appliquait à les pressurer, je dirais presque à les voler, en vue de ménager la bourse des autres citoyens. J'indiquerai plus loin dans quelle mesure s'exerce ce honteux trafic.

Donc il n'y a aucune réforme à apporter dans la distribution ou dans l'exploitation de la richesse foncière. Foncièrement hommes et choses sont à leur place. Un point, un seul, demeure sombre : celui des rapports du fermier avec le manœuvre agricole. Celui-ci est un salarié comme le prolétaire tisseur ou minier. Ce que nous réclamons pour eux, nous le réclamons pour lui. Il a les mêmes droits parce qu'il coopère, lui aussi, à un enrichissemont. Toutes les fois qu'il abandonne le métier de domestique pour celui de coopérateur, une part, si petite qu'elle soit, lui est due dans les bénéfices qu'il procure à l'exploitation. Le concierge d'un château n'augmente pas la valeur de ce château; le bouvier attaché à la ferme, qui mène paître les bœufs, est un des éléments qui auront servi à faire monter leur prix sur le marché de la boucherie. Socialement parlant, l'ouvrier des champs attend la réparation, moins consciemment, peut-être, mais avec les mêmes droits que l'ouvrier des villes. Nous dirons, à la fin de ce chapitre, sous quelle forme elle peut et doit lui être concédée par les lois.

Cette pacification foncière qui pourrait, à si peu de frais, devenir absolue, est le propre de la France. Elle est un des bienfaits de la Révolution, le plus grand peut-être. Car elle a introduit l'aisance au foyer d'une foule de gens. La liberté, l'égalité ont subi bien des vicissitudes. La fraternité de la terre est demeurée telle, sans que qui que ce fût osât l'effleurer. Jetez un coup d'œil sur nos deux plus grands voisins d'Europe. L'Angleterre est divisée en deux ou trois cents fiefs. L'Allemagne a ses vieux et ses nouveaux majorats.

Nulle part l'humble, le petit, n'ont accès à la propriété foncière. Les autres ont les prolétaires des champs ; nous avons, nous, la classe des cultivateurs. De là ce merveilleux esprit d'épargne qui est notre richesse. Et tandis que nous donnons le spectacle de l'aisance et de la vie facile, Londres et Berlin offrent celui de la plus extrême misère, en face de laquelle parade le luxe provocateur de quelques-uns.

Mais, dans le domaine ouvrier proprement dit, la France n'a pas la plus petite supériorité sur les autres nations. Aristocraties et démocraties, dans le monde entier, en sont restées à l'état de nature. Aucune loi protectrice du faible n'est venue modérer l'arrogance du capital. Le siècle qui a créé la grande industrie n'a pas su équilibrer les deux grandes forces humaines, celle du travail et celle de l'argent. Jadis elles avaient pu vivre côte à côte sans que l'une absorbât l'autre ; les capitaux étaient minces ; ils n'avaient pas pris l'habitude de s'unir en vue de l'exploitation de l'homme ; et des lois spéciales, modérant la production, empêchaient ces essors prodigieux que nous voyons chaque jour s'accomplir aux dépens du prolétaire. C'est la grande industrie qui a posé la question sociale. Sans elle, cette question

ne serait jamais arrivée au degré d'acuité où
nous la voyons parvenue. M'est avis que la
France la résoudra la première, je ne dis pas
d'une façon parfaite. Il suffit de jeter un coup
d'œil sur le monde organique pour voir que
celui-ci, par destination, est voué à la souffrance; mais il lui appartient, comme elle l'a
fait en 1789, pour la conscience humaine, de
proclamer les droits de l'homme en matière
de travail. Si les États généraux ont négligé
de les cataloguer, c'est sans doute que la force
d'où ils devaient surgir existait mal, ou du
moins n'avait point encore fait sentir son
poids. Or, quels sont ces droits?

Un grand industriel, qui fut aussi un grand
philanthrope, et je serais tenté d'ajouter un
grand politique, a dit, en 1870, devant le
Corps législatif réuni :

« Si, un jour, on peut arriver à résoudre ce
problème, qui, suivant moi, n'est pas inso-
luble, d'accorder, dans de justes et légitimes
proportions, une part de bénéfices à l'intelligence, au capital et au travail, on aura fait
disparaître la cause des grèves et avec la cause,
les grèves elles-mêmes. » Cet industriel s'appelait Laroche-Joubert, papetier à Angoulême,
où il a appliqué volontairement cette répartition

préconisée par lui. Il y a créé une usine où mille ouvriers non seulement reçoivent le salaire journalier de leur travail, mais encore une part des bénéfices réalisés avec son aide. Là, pas de jalousies, pas de basses envies; les prolétaires y sont en train de changer de classes; ils s'élèvent sinon à la richesse, du moins à une aisance proportionnée à leur labeur. D'autres ont compris la nécessité de cet équilibre entre les trois forces créatrices de la production humaine, les Leclaire [1], les Bapteroses [2], les Mame [3], les Schneider [4]. Quelques-uns furent des saints. Le plus bel exemple de fraternité, ils l'ont donné. Mais ils constituent l'exception, l'aristocratie du philanthropisme. Pour beaucoup de patrons, ils sont de funestes exemples donnés aux travailleurs.

Pourtant ce que ces hommes ont volontairement reconnu, avant peu la loi, la Constitution, ou tout au moins les voix directrices de l'opinion le proclameront conforme à l'équité. indispensable à la vie sociale.

1. Entrepreneur de peinture, à Paris.
2. Fabricant de boutons à Gien.
3. Imprimeur à Tours.
4. Maître de forges au Creuzot.

Trois facteurs concourent à la production humaine : le capital, l'intelligence, le travail; pourquoi deux de ces facteurs seraient-ils rémunérés et un seul ne le serait-il pas? Pourquoi cent mille francs d'argent participeraient-ils aux bénéfices de l'entreprise, tandis que cent mille francs de travail en seraient privés? Telle est la question que se pose le prolétaire, tandis que le seul fait de l'envisager apparaît au capitaliste comme une effroyable atteinte à son bien. Celui-ci n'arrive pas à comprendre que l'homme ne soit pas une simple machine destinée à enrichir celui qui l'a louée. Il entend que l'on reconnaisse ses droits, il n'admet pas que d'autres en aient de différents des siens. Il considère le droit de propriété comme sans limites : « Cet argent m'appartient, j'en fais ce que bon me semble! » Or, c'est précisément dans cette affirmation qu'est le sophisme. « La liberté, dit la déclaration des droits de l'homme, consiste à pouvoir faire tout ce qui ne nuit pas à autrui [1] ». L'industriel capitaliste nuit prodigieusement à ses ouvriers en leur enlevant le bénéfice de leur labeur. Je ne connais pas un plus grand pré-

---

1. Définition du chevalier de Lameth, séance du 20 août 1789.

justice et, partant, une plus vive atteinte à la liberté.

« Si le travailleur est admis aux bénéfices, il doit participer aux pertes! » L'homme d'argent lance dédaigneusement cette objection à qui veut atteindre son privilége, et croit avoir tout dit. Elle n'a pourtant de la vérité que les apparences. Le capitaliste joue avec ses capitaux. Au lieu de les placer sur une carte, il les met sur des tissus, sur des fers, sur des transports. Tant mieux pour lui s'ils prospèrent. S'il a mal engagé les fonds dont il a espéré tirer la richesse, il n'y a aucun motif pour que ceux qui ont paré la maison de jeu, qui l'ont fournie d'argent sous forme de marchandise transformée, appropriée au but que le spéculateur se proposait d'atteindre, soient déclarés responsables de son infortune. Le bénéfice du travailleur paye un effort individuel, concret, tangible, celui du capitaliste récompense une simple intuition.

La voilà, cette monstruosité économique qu'il s'agit de faire admettre par toute une société, que dis-je? par toute une civilisation! Elle repose sur une appréciation des droits de l'homme absolument contraire à celle que les détenteurs de gros capitaux en ce siècle se sont efforcés de faire prévaloir. Elle sera celle des temps nouveaux. Le quatrième État, dont l'embryon se forme dans l'ombre, déniera à l'argent tous les droits et il l'empêchera d'accaparer tous les bénéfices.

Telle est déjà la doctrine du monde ouvrier; elle y règne comme celle de l'égalité, dix ans avant la révolution de 1789, régnait dans le monde du tiers. Il ne lui manque que le porte-drapeau qui l'inscrira sur sa hampe et qui huchera l'étendard au sommet du monument national. Soyez assuré qu'il se trouvera. « Tous travailleurs, voilà ce que nous sommes! Tous participant au travail selon nos forces, *et aux bénéfices selon nos besoins légitimes*, voilà ce que nous voulons être! » Telle est la formule qui court à travers leurs cerveaux comme un fluide social. Et ils ne sont ni des rêveurs se figurant que l'argent sert uniquement à donner des jouissances à ceux qui le détiennent, ni des voleurs voulant s'approprier le bien d'autrui. Hommes justes, ils entendent être traités avec justice. Qu'on reconnaisse leurs droits, ils ne nieront ni ceux de l'argent ni ceux de l'intelligence. Une usine ne peut prospérer qu'appuyée sur de gros capitaux et gérée par un chef intelligent. Chef et capitaux, à leurs yeux, sont des associés, non des ennemis.

Ce que l'ouvrier reconnaît, le capitaliste le reconnaîtra-t-il? Lui n'a qu'à perdre à cette reconnaissance. Et pourtant, malgré ses répugnances, malgré l'entaille qu'elle l'obligera à faire à son bien, on peut être certain qu'il s'y résignera. Déjà de nombreux industriels ont admis les ouvriers qu'ils emploient, à la participation aux bénéfices. La plupart, il est vrai, se sont figurés accomplir un acte de bienfaisance, alors qu'ils n'accomplissaient qu'un acte de justice. Ainsi envisagée, la participation aux bénéfices risquerait de demeurer éternellement le luxe de quelques esprits dépourvus d'égoisme. Il faut que les détenteurs d'argent soient amenés par la lettre des lois ou par les attitudes officielles de l'État à abandonner aux travailleurs qui font prospérer leurs capitaux, une part des gains que ceux-ci leur procurent.

Où est la formule de cet abandon?

La loi ne doit et ne peut franchir les limites du domaine du travail. Celle qui dicterait aux capitaux leur emploi n'arriverait qu'à les faire émigrer. La Révolution a proclamé « l'individualisme. » Elle en a fait le point de départ du droit moderne. Chacun est libre chez soi ;

chacun peut être égoïste, sans cœur, cruel s'il lui plaît, pourvu que son égoïsme, son insouciance, sa cruauté ne dépassent pas son domaine c'est-à-dire la gestion de ce qui lui appartient en propre par droit d'acquisition ou par droit d'héritage. Ces latitudes sont susceptibles d'effets inhumains, mais elles sont les conditions de la liberté, c'est-à-dire du premier des biens sociaux.

Toute mesure qui, sous le prétexte de faire participer l'ouvrier aux profits de son labeur, autoriserait un agent officiel de l'État à s'interposer entre le patron et le travailleur, pour leur dicter les conditions du contrat à intervenir serait un crime de lèse-liberté.

Donc la formule souhaitée, le cadre nouveau ne peuvent pas être un article du Code. Ils tiennent l'un et l'autre dans un mot exprimant lui-même un tout autre ordre d'idées, les mœurs !

C'est par les mœurs, par les habitudes prises, que l'ouvrier peut passer de l'état de « salarié » à celui de « bénéficier », de l'état de domestique à celui de co-propriétaire.

Le bon billet ! Les mœurs ? Autant dire le temps. Et le temps, n'est-ce pas la succession des siècles ? 1789 est l'aboutissement d'un effort

commencé en 1302 [1]. De 1302 à 1789 il s'est
écoulé quatre cent quatre-vingt-sept ans. Voilà
les mœurs !

Or, c'est ici que je guette les éternels scep-
tiques qui, incapables de la moindre énergie,
enseignent l'impossibilité de tout, et avec la fin
de leur monde, celle du monde tout entier.

Les mœurs participent au mouvement général des choses. Autrefois elles se traînaient,
maintenant elles galopent. Jadis elles se formaient elles-mêmes ; en ce siècle un élément
étranger les transforme : c'est l'État. L'État,
avec son budget de quatre milliards, est devenu
le grand distributeur du travail. L'État constructeur de lignes de chemins de fer, de
cuirassés, de canons, de forts, fabricant de por-
celaines, de tapisseries, acheteur à l'industrie
privée de millions de mètres de drap et de
cuirs pour ses soldats, de millions de tonnes
de charbon pour ses usines, l'État rete-
nant le droit de consentir la formation des
Sociétés quelles qu'elles soient, distribuant à
son gré les concessions de mines, de pêche, etc.,
peut donner à l'organisation à venir du travail
la forme qui lui plaira. Ce que l'État fera

1. États Généraux sous Philippe le Bel.

dans son domaine, les capitalistes seront obligés de le faire dans le leur, sous peine d'être délaissés, j'allais dire vilipendés! Que l'État décide de ne s'adresser, pour la réalisation des grands travaux publics, qu'à des industriels, qu'à des entrepreneurs ayant consenti l'association des ouvriers à leurs bénéfices, et voilà la participation bénéficiaire introduite dans les mœurs, s'imposant aux patrons les plus rébarbatifs !

Pareille décision constituera-t-elle ce que l'on appelle le socialisme d'État? Pas le moins du monde. La liberté individuelle ne sera nullement atteinte; l'État se contentera d'être un modèle chez lui, là où il est le maître de ses actes...

Combien entraînante sera son action ! Exemple: l'imprimerie de la Chambre des députés, située rue Saint-Benoît, à Paris, jadis propriété de M. Quantin, actuellement appartenant à la Société des Imprimeries réunies, est affectée à un service d'État considérable. Elle fait un gros chiffre d'affaires, les députés étant gens très avides de lecture et, particulièrement paperassiers. Or, dans cette imprimerie le typographe travaille à la tâche et la Société empoche les profits de son labeur... Supposez que l'État mette à celle-ci le marché à la main : participation de l'ouvrier à vos bénéfices, ou perte de ma clientèle. Il est très probable que la Société des Imprimeries réunies se transformerait plutôt que de perdre un pareil client. Les ouvriers typographes de la France entière, se réclamant des encouragements de cet État bienfaisant, auraient vite fait d'imposer des conditions analogues aux patrons imprimeurs petits ou grands... C'est ainsi que, sans secousses, sans révolutions, par la seule force de l'exemple parti de haut, le prolétaire serait institué propriétaire.

Le domaine où l'État pourrait exercer son influence est sans bornes. N'est-ce pas lui qui fait les concessions de mines ? Sans revenir sur celles déjà octroyées, n'en fait-il pas tous les ans de nouvelles, n'en renouvelle-t-il pas qui arrivent à leur terme ? L'État ne livre-t-il pas chaque année aux Compagnies de chemins de fer plusieurs centaines de kilomètres de voies ferrées dont il a accepté d'édifier la structure ? Celles-ci sont dressées par des entrepreneurs, lesquels exploitent les bras de milliers de terrassiers. Qui dresse le cahier des charges ? l'État ! L'État touche à tout, est partout : il est l'inévitable. Il est serrurier,

fondeur, charron, peintre, imprimeur, coutu-
rier, marchand ; il est tout ce que l'homme
peut être. C'est pourquoi il peut être et sera
un entraîneur irrésistible dans les chemins
nouveaux.

L'élément social sur lequel il a le moins de
prise, est la Société par actions. L'anonymat
qui constitue la force de la République, parce
que le jour où l'on cherche dans le gouvernement le coupable ou le responsable, on ne le
trouve pas, fait par contre la faiblesse de l'ouvrier. — Les Sociétés par actions demeurent
d'autant plus anonymes qu'elles ont mis en
commun un capital plus considérable. Telles
les grandes Compagnies de chemins de fer ou
de charbonnage. Comment les contraindre à
accorder à leurs employés la participation
bénéficiaire ? Elles s'y résigneront d'autant
moins qu'elles ont entre leurs mains la matière
du travail lui-même. L'État aura pourtant un
moyen de les rendre humaines en les obligeant
à publier en fin d'année leur bilan. L'État leur
ayant donné l'investiture légale, peut leur
imposer cette condition. L'ouvrier jugera alors
si son salaire lui attribue la juste part dans
les bénéfices réalisés et, en cas d'exaction,
il ne sera pas longtemps avant de priver ces

associations attardées du secours de ses bras.

Sans doute l'application de cette méthode jettera un trouble profond dans les assises budgétaires. Si l'État réalise un bénéfice net de vingt millions sur le prix de revient des cigares, et qu'il en distribue six aux ouvriers qui enroulent les feuilles de tabac, il est clair que c'est le contribuable, c'est-à-dire tout le monde, qui comblera le vide fait dans les caisses publiques par sa libéralité. Mais dans la plupart des grandes entreprises qu'il patronne, l'État, non seulement ne réalise pas de bénéfices, mais encore il subit des pertes. Les Compagnies de chemins de fer, qui ont à leur service plus de quatre-vingt-mille employés, ont toutes, sauf une, recours à ses subventions pour payer à leurs créanciers l'intérêt de leurs emprunts ; donc elles sont perdantes et non pas gagnantes. Puisqu'elles n'en réalisent pas, elles n'auront pas de bénéfices à partager. Mais quand même le budget des dépenses de la France devrait être grossi de deux cents millions, l'ouvrier n'en continuera pas moins à réclamer cette participation aux bénéfices qu'il crée de ses bras ; j'ajoute qu'il l'obtiendra, parce qu'il y a quelque chose de plus vivace que l'égoïsme humain, c'est la justice !... Alors que le premier s'affaisse dans les bas-fonds de la conscience et y disparaît comme dans une tombe, la seconde plane au-dessus du monde civilisé, semblable à l'astre qui revient chaque soir au firmament.

Par quels moyens pratiques l'État arrivera-t-il à jouer son personnage de transformateur?

Le Conseil supérieur du travail, récemment institué, me paraît devoir être, dans l'avenir, un juge de premier ordre pour apprécier la mesure des participations consenties par lui dans ses industries.

Le 15 mai 1879, M. Laroche-Joubert déposait à la Chambre des députés une proposition de loi ainsi conçue :

« Lors des adjudications par soumissions cachetées à faire pour le compte de l'État, des départements ou des communes, soit pour concessions de chemins de fer, soit pour travaux à effectuer, soit pour fournitures à faire, etc., aucun particulier, aucune association ne seront déclarés adjudicataires, s'ils ne se sont engagés, dans leurs soumissions cachetées, à faire participer à leurs bénéfices tout le personnel qui sera employé par eux par suite de ces adjudications. »

Le cadre de la reconstitution sociale à venir, le voilà ! L'ouvrier n'est rien ; il ne doit pas être tout ; mais il peut prétendre à être quelque chose... La Révolution française lui doit aide d'une façon posthume... La démocratie ne serait qu'un odieux mensonge si elle ne lui donnait les moyens d'arriver à l'égalité réelle.

La société bourgeoise demeure irréductible sur ses positions ; l'État l'en délogera, mais si lui aussi manque à sa mission transforma-trice, le souffle de la foule les balayera tous les deux. La bourgeoisie n'a plus le choix : ou elle opérera elle-même la transformation sociale ou la révolution sociale la tuera. Elle le sent, elle le pressent. Mille symptômes indiquent ses inquiétudes. Peu lui importe peut-être, une France compatissante aux miséreux, mais une France d'où elle aurait disparu lui apparaît comme la plus abominable des conceptions. Elle se résignera à tous les sacrifices d'argent, plutôt qu'à la perte de l'existence sociale. Et voilà la raison d'être du cadre nouveau où travailleurs et capitalistes seront bientôt enfermés. La participation bénéficiaire est inscrite au fronton de la société nouvelle ; le xxe siècle ne s'achèvera pas sans que du cerveau des philanthropes, elle ait passé dans la réalité des existences humaines.

Une seconde innovation achèvera de hiérarchiser la France. Le revenu réel de chaque citoyen y sera atteint par l'impôt, tandis que jusqu'à ce jour, les revenus taxés ont été des revenus présumés. Dès lors, toute dénomination de caste disparaîtra. Il n'y aura plus dans l'État ni bourgeois ni nobles; il n'y aura que deux sortes de gens : le peuple et les riches, — un peuple exempt de tout impôt jusqu'à concurrence de la valeur des aliments nécessaires à la vie, des riches payant tous au Trésor national leur cote part des charges publiques, sans distinctions ni privilèges de propriétaires fonciers ou de capitalistes. L'impôt sur le revenu sera le classeur social du siècle à venir.

Me voici donc conduit à dire ce que par la force des choses il deviendra, et comment il doit être reçu par les générations qui regardent en avant.

Tout impôt qui n'a pas le revenu pour base est inique. Ou il détruit le capital de ce même revenu ou il pèse avec une effroyable inégalité sur les individus. La Révolution française l'avait si bien compris que sa prétention a été de trouver, dans les quatre contributions directes, la foncière, la patente, la cote personnelle et celle des portes et fenêtres, un signe apparent

de ce revenu, ce en quoi j'ai hâte d'ajouter,
elle s'est absolument trompée. Le véritable
impôt sur le revenu est une charge répartie
entre tous les citoyens, dans une proportion
identique, pour leur procurer des avantages
identiques, la sécurité de leur maison, celle
des routes, des rues, celle de leur santé, contre
les voleurs, les vagabonds, les empoisonneurs ;
c'est aussi la rançon de l'instruction, et jusque
dans une certaine mesure, celle du culte, tant
au moins que le culte sera considéré comme
un des grands services publics. Qui que nous
soyons, nous exigeons de l'État toutes ces sécu-
rités ; s'il nous les fait payer dans les proportions de notre revenu, ce n'est que justice. Le
mot : impôt sur le revenu, loin de faire peur
aux citoyens, devrait donc les rassurer. Ainsi
que l'a dit Gambetta, « il est bien le plus juste
et le plus moral de tous les impôts ».

Aussi quand des financiers de race, quand
des bourgeois instruits, s'élèvent avec la force
que l'on sait contre la substitution d'un impôt
unique sur le revenu aux mille impôts qui
nous rongent, on est en droit de prétendre
qu'ils n'en combattent aussi vivement l'établissement, que pour mettre à l'abri leur richesse.
Ils n'en veulent pas, parce qu'ils seraient obli-

gés de payer ce que d'autres payent à leur
place. Mais, ici encore, il y aura quelque chose
de plus puissant que leur égoïsme, ce sera la
logique démocratique. Celle-ci nous conduit à
l'impôt global sur le revenu, comme la pente
entraîne l'eau du fleuve de sa source à son
embouchure.

En effet, l'esprit démocratique, loin d'être le
destructeur de la richesse, en est le propagateur. Il entend introduire celle-ci chez les hum-
bles, égaliser les chances de l'acquérir. C'est à
la fois sa prétention et sa gloire. Il n'ignore
pas que prélever sur le capital acquis un droit,
c'est diminuer ce capital. L'impôt sur les successions, quoi qu'on dise, est un de ceux qu'il
supporte le plus difficilement, précisément à
cause du caractère destructeur dont il est revêtu. L'impôt sur le revenu n'atteint que le
bien-être de l'imposé, il ne rogne pas son
bien, et c'est là la raison pour laquelle l'esprit
démocratique y aspire. Le grand ennemi de
cet impôt ce n'est donc pas le peuple (le Δημος),
c'est le capitaliste qui, à l'aide de ces trois
choses insaisissables qui s'appellent la circulation fiduciaire, la valeur au porteur et le privilège de la rente, échappe aux griffes du fi c,
qu'il s'agisse d'héritages ou de revenus mobi-

liers. Il ne faut pas oublier que la richesse totale de la France, estimée à deux cents milliards, comprend trente-cinq milliards, dont l'intérêt est servi par la rente française, soit un sixième de la totalité. Les capitalistes et les rentiers auront beau se cabrer, invoquer des engagements qui d'ailleurs sont fort discutables, ils n'échapperont pas à ce souffle d'égalité qui s'est levé sur la France il y a un siècle, et qui commence à gronder en tempête. Les propositions de loi abondent qui, toutes, émanent de ce principe : participation de tous aux charges publiques proportionnellement au revenu de chacun. D'individuelles, ces propositions sont devenues gouvernementales. Le ministère dirigé par M. Casimir-Perier y a sacrifié. Le premier, il a prononcé tout haut ce mot fatidique que chacun chuchotait tout bas. On peut être certain qu'il fera son chemin.

Reste à savoir comment il le fera. De la part de ce voyageur nouveau, il faut s'attendre à toutes les excentricités. La poltronnerie des conservateurs, l'effroi des bourgeois, le « je-m'en-foutisme » des députés ambitieux et sans le sou, contribueront à en retarder les belles conséquences; on verra des législateurs, comme M. Cavaignac, exempter de son paiement tous ceux qui n'ont pas quatre mille livres de rente, comme si un honnête homme ne pouvait pas vivre à moins de frais. D'autres grefferont un impôt spécial dit « du revenu » sur les impôts directs établis d'après les revenus présumés des citoyens. Sous prétexte d'égalité, ils surchargeront les imposés. Le démon de l'envie parlera par leur bouche. En fin de compte, l'égalisation des charges se fera. Tous les revenus paieront à partir du chiffre représentant le minimum de ce que j'appellerai « l'argent vital ». Ce chiffre sera très inférieur à celui de quatre mille francs. En second lieu, les revenus des capitaux acquis seront taxés dans une proportion différente des revenus directs du travail. Le sentiment de justice que j'ai signalé au début de ce chapitre, comme devant attribuer au travail un tiers des bénéfices conquis concurremment avec l'intelligence et le capital, proportionnalisera de même l'impôt entre des revenus fainéants et des revenus actifs. Ce sera la juste progressivité, celle qu'il faut souhaiter et qui, en fin de compte, triomphera de l'égoïsme bourgeois. Sans doute, toute déviation au principe de l'égalité numérique, en ces matières, est une voie ouverte aux pires injustices, et par là aux pires appauvrissements, à ceux qui détruisent les nations, en faisant tout à coup d'un riche un miséreux; mais la dynamite aussi, lorsqu'elle a servi à charger la bombe anarchiste, est un abominable explosif; quand au contraire, elle enlève en quelques secondes la montagne de rochers recouvrant le diamant, elle devient bienfaisante et humanitaire.

Un point est acquis: nulle société ne peut vivre sans argent. Cet argent ne peut être fourni par les citoyens que sous deux formes: la contribution basée sur le ou sur les revenus, et la contribution prélevée sur les denrées ou sur les marchandises dont ils font usage. La première est directe, la seconde est indirecte. Tant que la contribution indirecte n'est pas un obstacle au développement naturel de la vie, elle est préférable à l'autre. Si les droits sur le tabac, si les droits sur l'alcool devaient suffire à alimenter un budget d'État, cet État serait fou d'avoir recours à d'autres taxes pour payer ses services. Elles ne touchent qu'à la fantaisie humaine: il n'y a pas un homme qui ne puisse se passer de boire du schnick ou de fumer du caporal. La contribution directe ne devient excusable que lorsque l'autre a produit tout ce que, raisonnablement et philanthropiquement, elle peut produire.

L'impôt sur le revenu qui, je le répète, est sa forme à venir serait une pure filouterie de législateur s'il venait à se greffer sur le système dit des quatre contributions ; il n'est excusable que s'il les fait disparaître. Je ne sais si actuellement la France à affaire à des filous, cela se peut. Mais le temps, le bon sens, et les mœurs, viendront à bout d'eux comme ils sont venus à bout des prétentions bourgeoises. M. Guizot, prononçant le mot d'impôt sur le revenu, ne serait pas descendu vivant de la tribune législative. Gouvernement et bourgeois ne songeaient alors qu'à s'enrichir ; « enrichissez-vous » ! leur disait-il. Aujourd'hui la démocratie songe à égaliser les charges publiques ; souci de justice s'il en fût ! Il faut que tous ceux qui jouissent des bienfaits sociaux les payent à leur valeur. Au fond des protestations des contribuables je constate le sentiment de l'égalité blessée bien plus que celui d'une basse envie.

La conséquence de cette marche de l'opinion doit être d'amener ceux qui possèdent des revenus acquis à réaliser bénévolement l'acte de justice que la force des choses leur imposera. Je m'étonne de ne pas voir un conservateur de marque, à la tête de ce mouvement transformiste de l'impôt. Sera-t-il dit que parce que l'on se réclame de ce titre l'on a perdu le sens de son temps?...

Quoi qu'il en soit, sans eux ou avec eux le nouveau classement social s'accomplira en matière d'impôts comme en matière de travail ; il y aura les riches d'un côté et les travailleurs de l'autre ; les riches paieront proportionnellement à leur revenu, sans distinction entre les sources d'ou ils émanent ; rentiers, propriétaires, fermiers, obligataires, actionnaires, industriels ! Les travailleurs paieront dans une mesure moindre que les riches qui ne travaillent pas ; mais ils paieront dans la proportion des revenus que leur vaudront leur tête ou leurs bras. Seuls les indigents, c'est-à-dire ceux qui n'ont ni le nécessaire, ni surtout le superflu, ne seront pas classés.

Donc avant qu'il soit longtemps j'aperçois la société française divisée en deux immenses classes, les travailleurs et les enrichis. Du vieux monde poudré, empanaché, du xviiie siècle, du vieux monde bedonnant et jouisseur du xixe, il ne restera plus que la trace. Le travail sera devenu l'arbitre social ; comme il aura été à la peine, on le verra aux honneurs. Pour être quelqu'un il faudra avoir fait quelque

chose. Les ancêtres ne recommanderont plus
un citoyen qu'aux vaniteux de ce monde. Le
plus humble fils du peuple pourra prétendre
à la première magistrature de France. La fille
de qualité ne croira plus déchoir en s'unissant
au maître de forges. Et ce monde rajeuni,
épuré, accomplira des prodiges de bien-être.
La France aura eu l'initiative et la direction
d'un mouvement devenu avant qu'il soit longtemps européen. Une fois de plus elle sera la
bienfaitrice du continent lui montrant l'art de
vivre après lui avoir enseigné celui de penser
et de produire. Et voilà pourquoi il faut aimer
plus que jamais ce noble pays, qui est à la fois
un grand penseur et un grand acteur [1].

1. C'est à dessein que je n'ai pas indiqué ici, les moyens à
l'aide desquels pourrait être perçue la taxe sur le revenu
global de chaque citoyen. Le système de la déclaration sans
contrôle dans chaque localité, où l'imposé est propriétaire
n'offrirait que de très petites difficultés, à la condition que la
déclaration comportât avec elle l'obligation de demeurer telle
pour un nombre d'années déterminé. Il s'appliquerait plus difficilement aux revenus mobiliers, ou professionnels. En les
imposant au siège même d'où ils émanent, il semble que l'on
devrait arriver à atteindre les capitalistes tentés de les dissi-
muler.

CHAPITRE II

LA RECONSTITUTION RELIGIEUSE

La France affranchie a décidé d'être libre penseuse et laïque. S'est-elle par le fait vouée à l'athéisme ou à l'irréligion? Une nation qui officiellement ne connaît pas Dieu, doit-elle fatalement le méconnaître dans sa vie intime? Que ceux qui ne vivent que de formules poncives et de signes extérieurs décrètent cette funeste conséquence du révolutionnarisme d'esprit de la démocratie, cela se conçoit. Plus d'enseignement, plus de manifestations, nul signe extérieur des choses d'en haut; partout le silence, la honte d'un Dieu national, ou tout au moins la pudeur, une pudeur stupide de ce

Dieu ! Les prêtres habitués à parader autour des pouvoirs établis, qui avaient des places officielles dans les cortéges, qui tout en voulant être traités en hauts fonctionnaires, honorés, patentés, « budgétisés » se proclamaient libres de tout lien vis-à-vis de l'État ; les femmes dont la plupart avaient reçu d'institutrices vouées au service de Jésus-Christ, les traditions de la foi, n'arrivent pas à prendre leur parti d'un état de choses qui les oblige à l'effort individuel, à la croyance raisonnée et à la transmission directe de cette croyance à leurs enfants. Il n'en est pas moins certain que dans le domaine spiritualiste, comme dans le domaine social, pointent des racines nouvelles, racines de vie, témoins de la sève chrétienne qui monte au cœur des Français moins hypocritement qu'à celui des peuples qui ont un Dieu officiel et une irréligion latente. Dégagées de l'ivraie qui les entoure, elles apparaissent comme un espoir de renaissance au cœur de ceux qui croient qu'un peuple sans religion est un condamné à mort.

Non encore saisissables dans les faits, elles sont visibles dans les attitudes de toute une nation pétrie avec les croyances chrétiennes et dont le bon sens s'oppose inconsciemment à ce

que de méchants imbéciles jettent aux quatre
vents du ciel les traditions civilisatrices de
vingt générations d'ancêtres... Ni Diderot, ni
Rousseau, ni Renan, ni Tolstoï, ni les francs-
maçons, ni les prêtres raisonneurs ne sont par-
venus à tuer en elle ses aspirations vers le
Christ, Dieu et homme en même temps. L'âme
du Français est une âme chrétienne. L'atavisme
l'a imbibée de christianisme. Alors même que le
Dieu de ses pères n'a plus place dans ses actes
et dans ses lois, il demeure à son foyer.

Certes les autels qu'on lui a élevés ne sont
pas somptueux... On lui en a dressé pourtant.
Qui n'a senti dans l'air le parfum de mysticisme qui y monte depuis quelques années?
Chaque jour, il devient plus pénétrant. — Au
théâtre on a mis devant les yeux de la foule
les grands drames du calvaire. La Passion, de
Haraucourt, celle de Grandmougin, celle plus
saisissante encore d'Oberamargaü ont attiré des
milliers de spectateurs. Dans les foires des
environs de la capitale, dans celles des villes
de province, chaque jour on les représente.
Partout ils sont regardés avec saisissement,
accueillis avec respect. Questionné, sur l'attitude des gens du peuple en face de ces spectacles, un des barnums qui y convient les

populations de la banlieue de Paris m'a affirmé
que jamais ni une insulte, ni un quolibet n'en
avaient troublé la représentation. Le Christ est
populaire, et son image est souvent encore la
seule qui orne le taudis des miséreux.

En faisant la nomenclature des pièces qui
en ces derniers temps ont le mieux réussi au
théâtre on s'apercevrait également que ce sont
celles ou les prêtres du Christ jouaient les
rôles de douceur et de charité qui sont l'essence du christianisme ; telles l'*Abbé Constantin*,
de M. Halévy et *Monsieur l'Abbé*, de M. de Saint-
Albin. Dans le cours de l'année 1894, un drame
empreint de religiosité, si non de christianisme,
Izeil, de M. Armand Silvestre a jeté la pensée
de Dieu, dans les âmes les moins préparées à
la recevoir ; elle y a été reçue avec recueil-
lement et avec respect.

Les preuves abondent de ces tendances vers
l'exaltation de l'idée religieuse.

Après le théâtre, le roman s'est emparé
d'elle. Le *Lourdes*, de M. Zola. lui rend un
hommage inconscient : l'auteur n'a pas osé la
bafouer. Dans une autre de ses œuvres, *le
Rêve*, il l'a exposée sans un blâme et non
sans quelque déférence.

La peinture n'a point été en reste avec les

lettres. Les jeunes artistes ne cessent de nous montrer des sujets religieux. Les calvaires de M. Béraud ont deux années de suite fait fureur « au Champ-de-Mars ». Parmi les productions de la jeune école impressionniste, les vierges mystiques, d'un mysticisme maladif il est vrai, abondent. Et cette année encore, qui n'a voulu voir les trois cents gouaches où M. Tissot, un ancien affilié, dit-on, de la Commune de Paris, a retracé l'épopée de Jésus? Qui ne s'est arrêté ému devant elles?

Les actes eux-mêmes, et quelquefois les plus bizarres, prouvent à quel point la volonté de s'élever au-dessus des matérialités humaines est redevenue vivace dans l'âme française. Dans les villages où l'église est le moins fréquentée, que le curé organise ce que l'on nomme « une mission », c'est-à-dire une démonstration parlée, chantée, décorée de la foi catholique, il n'y a guère d'exemple que la population, femmes et hommes, ne s'y portent en foule. L'insulte aux choses divines nous est inconnue, et c'est rarement que nous passons indifférents près d'elles. Dans ce pays officiellement libre penseur et gouvernementalement athée, les prêtres vont, viennent dans les quartiers les plus populeux à « Belleville et aux Brottaux »,

vêtus de leurs soutanes et de leurs rabats ; les
moines se promènent pieds nus, drapés dans
la bure ; nul ne les insulte. Dans les grèves
qui ont exalté si souvent, en ces derniers
temps, les populations ouvrières, les sœurs de
charité, les curés ou leurs vicaires ont-ils
jamais été pris à parti ? A Fourmies, les mas-
sacrés ont été relevés par eux, enterrés par
eux ; le peuple a béni les ministres de Dieu.
Et ces écoles libres, toujours croissantes, toujours alimentées par des dons volontaires,
toujours fréquentées par les enfants de l'ouvrier, même à Paris, à Paris surtout, que
prouve leur diffusion, si ce n'est le besoin
de s'élever aux régions d'en haut ? Il y a du
sursum corda dans tout cela, et si je ne craignais de faire sourire les disciples du tout ou
rien, je citerais comme un symptôme inouï des
tendances mystiques des générations actuelles,
le mariage contracté, le 5 juin 1894, par
M. Paul Radiot, rédacteur au *Journal des
Débats*, avec mademoiselle Lemaignan. Ces
jeunes incrédules, inquiets de leur incrédulité,
ont mis leur union sous la protection des trois
plus grands mystiques de l'humanité : Jésus,
Mahomet et Bouddha. Tour à tour, ils ont été
s'unir à Notre-Dame et au musée Guimet,

temple provisoire, à Paris, des prophètes de l'Orient[1]. Ils ont pris une assurance contre l'athéisme. Pour bizarre qu'il soit, le procédé n'en reste pas moins extraordinairement empreint de religiosité.

Les racines nouvelles, celles qui pointent au milieu des décombres amoncelés par le siècle, les voilà. Quelques menues qu'elles soient, elles dégagent une sève qui ne saurait plus être tarie. Elle part de notre âme française, de cette âme que mille quatre cents ans de christianisme ont pétrie, que des quantités d'aïeux ont rendue apte à l'élévation et au dédain des choses uniquement humaines. On ne se défait pas à volonté de son tempérament; notre tempérament intellectuel est le contraire de positif : nous avons besoin de croire à autre chose qu'à ce que nous voyons. Le merveilleux n'est pas pour nous déplaire, et le surnaturel ne nous apparaît pas toujours comme une sottise.

J'en conclus que nul terrain n'est plus propre à faire germer l'idée religieuse que l'âme française. Si donc celle-ci n'y apparaît pas épanouie et vive en couleur, c'est qu'un obs-

1. Voir le récit du *Figaro* du 13 juin 1894.

tacle étranger s'oppose à sa floraison. Cet obstacle, je vais le montrer et montrer aussi à qui il appartient de le faire disparaître.

J'ai la conviction très sincère, et loin d'être une conviction d'indifférent, c'est une conviction de chrétien que le Concordat de 1804 est l'élément destructeur, ou tout au moins anémiant de la religion en général et de la catholique en particulier. Bonaparte qui l'inventa en fit un *instrumentum regni*. C'est avec lui qu'il a détruit les circonscriptions diocésaines; c'est par lui qu'il a fait descendre de leur siège les anciens titulaires qui, d'après les canons, devaient y être rivés; il s'est créé un clergé impérial, clergé d'État, clergé domestique, et si l'on en juge par la décision que celui-ci a rendue pour établir la nullité du mariage de l'empereur avec Joséphine, clergé avili ! Mille fois plus avili que ne le furent jamais les prêtres les plus incrédules de l'ancienne monarchie. Ceux-là, du moins, avaient la pudeur extérieure de leur église !

Persécuté sous le règne de Louis-Philippe, ce même clergé, avec la persécution, retrouva la dignité. Un moine, Lacordaire, le mena au

combat. Mais quels encouragements, quels
secours trouva-t-il dans la cour de Rome?
Le pouvoir! mot fatidique! La liberté! mot
haïssable! C'était la protection que celle-ci
voulait; afin de l'obtenir elle n'encouragea que
très faiblement les résistances de ses prêtres à
la tyrannie de l'État et à sa direction morale;
la cause de la liberté de l'enseignement fut
gagnée en 1849 pour ainsi dire malgré elle.

Pie IX et son *Syllabus* ont puissamment aidé
Napoléon III à dominer le clergé de France et
à restreindre son rôle apostolique. Les ana-
thèmes de ce pape contre la sécularisation des
gouvernements, contre ce que nous appelle-
rions aujourd'hui le laïcisme d'État, n'ont pas
peu contribué à imprimer au culte, un simple
caractère d'administration publique. Évêques
et curés devinrent des fonctionnaires d'État,
préoccupés surtout de ne point déplaire à leur
préfet. Le clergé du second Empire (il ne me
convient pas de citer des noms), fut, sauf
deux ou trois nobles exceptions, telles que les
Dupanloup, les Pie, les Plantier[1], un clergé
courtisan et bien plus soucieux de sa tran-
quillité que de la diffusion de l'idée de Dieu.

1. Évêques d'Orléans, de Poitiers et de Nîmes.

Sous la République, ce même clergé a achevé
de descendre, jusqu'à ce qu'il tombât dans
cette anémie d'âme qui lui fait accepter sans
mot dire les investitures d'un ministre athée
ou d'une loge maçonnique. L'évêque d'Amiens
présidera aux funérailles d'un sénateur qui a
voté les lois les plus antichrétiennes, qui, de
son vivant, n'a jamais mis les pieds dans une
église, mais qui l'a désigné, lui, simple curé
de son canton, à la bienveillance du ministre
des cultes. L'évêque d'Orléans s'inclinera avec
respect devant M. Carnot, refusant d'entrer
dans la cathédrale où flotte l'étendard de
Jeanne d'Arc. Les platitudes du clergé républicain sont sans limites. Et qui les a faites ce
qu'elles sont? Il faut bien le dire, c'est le pape
Léon XIII. Si ce pontife a admirablement
compris le courant démocratique qui emporte
le siècle, il n'a pas senti le souffle d'indépendance qui soulève les consciences. Lui aussi,
et ceux par conséquent qu'il entraîne à sa
suite, ont été les victimes volontaires du
Concordat. Au lieu de favoriser l'émancipation
du clergé, ils ont aidé l'État à la restreindre.
Ils ont tout laissé faire, sinon tout approuvé,
les taquineries, les lois, même celle dite « des
fabriques », qui a pour but « d'exercer » et

par conséquent de confisquer la fortune des églises. Ainsi sevré de son indépendance, le clergé français est devenu un clergé timide, sans colères ni révoltes, sans prestige non plus, et absolument inapte à entraîner les consciences. Il se peut que l'histoire accorde à Léon XIII le titre de démocrate, je doute qu'il lui donne celui de propagateur de la foi.

Par une anomalie extraordinaire, et qui mieux que tout prouve combien leur attitude était contraire à leur mission, en même temps que les papes de ce siècle tentaient ces efforts désespérés, pour conserver aux églises la protection de l'État, ils s'affranchissaient de plus en plus de lui dans leur domaine administratif et disciplinaire. Le concile du Vatican, en 1870, se fit à son insu. L'idée d'une intervention quelconque des souverains civils fut considérée alors comme une irrévérence frisant le blasphème. Les papes se sécularisèrent à leur façon. Avec un orgueil indomptable, ils répudièrent jusqu'à la trace du vieux gallicanisme, lequel n'était après tout qu'un échange de concessions et un renoncement de l'Église sur certains détails d'attitude en échange d'une protection particulière. L'ultramontanisme vainqueur s'imposa à tous les membres de l'Église catholique, depuis les simples fidèles jusqu'aux plus grands prélats, de sorte qu'à la compression de l'état antichrétien, mais jaloux d'une autorité qui, dans le domaine des âmes lui échappe, le malheureux clergé de France voit s'ajouter celle du siège apostolique qui le pénètre et qui l'envahit. Le pontife romain n'est plus seulement le dépositaire du dogme et le pasteur-chef, il est encore l'unique directeur des consciences et l'appréciateur infaillible de la marche des événements.

Que l'idée chrétienne puisse s'épanouir au milieu de ces tiraillements, que le clergé qui en est le porte-parole, la soutienne de ses élans, voilà ce qui paraît impossible. Entre un État qui lui dit : tais-toi ou je te coupe les vivres, et un pape qui ajoute : laisse-toi détruire ou je te déclare rebelle, que peut devenir ce clergé, si ce n'est un apeuré et un silencieux [1] ?.

L'idée chrétienne, émanation de l'idée religieuse en général, porte heureusement en elle

---

[1] « Certains représentants de l'Eglise ont pensé et agi trop lentement. Ils n'ont pas su mettre la main sur le siècle, christianiser ses aspirations et guider sa marche en avant ; le siècle a passé outre. » (*L'Église et le siècle*, par Monseigneur Ireland, archevêque de Saint-Paul, aux États-Unis.)

une sève qui lui est propre ; elle a sa source dans le cœur des citoyens ; elle peut disparaître de la scène politique, des institutions, être ensevelie avec respect par ceux-là même qui ont mission de la faire vivre ; tant qu'il y aura des Français en ce monde, elle fermentera dans leur cœur jusqu'à ce qu'elle trouve la fissure par laquelle on la verra s'échapper à nouveau.

Cette fissure, on l'entrevoit ; avant qu'il soit longtemps, elle sera une énorme déchirure ; elle s'appellera la séparation de l'Église et de l'État.

Dogmatiquement cette séparation est-elle légitime? Il faut le croire, puisque des archevêques tels que monseigneur Patrick John Ryan, archevêque de Philadelphie, le 10 novembre 1889 jour anniversaire de la fondation de l'église catholique aux États-Unis, a dit à la face du Nouveau-Monde : « Sans méconnaître qu'en d'autres temps et d'autres contrées l'union de l'Église et de l'État a été salutaire autant que légitime, il n'est pas dans la Constitution des États-Unis de disposition plus bienfaisante que celle qui dans ce pays les tient séparés[1]. » Le même jour, monseigneur Ireland archevêque de Saint-Paul, s'écriait : « La liberté dont l'Église jouit sous la constitution de la république est pour elle d'un prix inestimable. Ici point de tyran qui l'enchaîne, point de concordat qui limite son action, ou qui comprime ses énergies. Elle est libre comme l'aigle sur le sommet des Alpes, libre de déployer ses ailes sans que l'on vienne entraver son élan, libre de s'envoler vers les plus hautes cimes, de mettre en œuvre toutes ses énergies natives. La loi du pays la protège dans ses droits, et ne lui demande en retour aucun sacrifice de ces mêmes droits, car ce sont ceux du citoyen américain... Aujourd'hui combien de pays, en dehors du nôtre, où l'Église soit réellement libre? Si les catholiques ne font pas de grandes choses en Amérique, assurément c'est leur faute, ce n'est pas la faute de la République[2]. » Trois ans plus tard, à Paris, dans la salle de la Société de géographie ce même prélat donna une con-

1. Discours prononcé dans la cathédrale de Baltimore devant quatre-vingt-quatre évêques des États-Unis et un représentant du Saint-Siège. Voir le récit de cette réunion dans : Vicomte de Maux, *L'Église catholique et la liberté aux États-Unis*, p. 3 et 4.

2. *L'avenir et le Siècle*. Conférences de monseigneur Ireland. p. 84. Paris, librairie Victor Lecoffre.

férence où il définissait ainsi la situation de l'Église dans les États-Unis. « C'est l'Église libre dans un État libre ; et elle se trouve très bien dans sa liberté. » Puis il entrait dans le détail de son existence :

« Il n'y a pas disait-il aux États-Unis d'Église établie. Toutes les confessions, l'Église catholique, toutes les formes protestantes, l'Église israélite sont devant la loi absolument égales, et toutes vivent sous le droit commun.

» Chaque paroisse forme une société civile, qui a ses propriétés qu'elle peut vendre ou augmenter à volonté.

» Chaque Église se maintient par les contributions volontaires de ses adhérents. Quoique nous ayons nos croyances très fermes, nous vivons en paix civilement avec tous ceux qui ont d'autres croyances, car sous le droit commun, pour avoir nos droits, il faut accorder ces droits aux autres.

» Pour choisir les évêques, les principaux prêtres de chaque diocèse se réunissent, désignent trois noms : puis les évêques de la province sont convoqués. Ils approuvent cette liste de prêtres ou forment une nouvelle liste, et toutesdeux sont envoyées à Rome où la décision finale est donnée.

» En Amérique nous choisissons et nous voulons choisir nos évêques parmi les prêtres qui méritent l'épiscopat, n'importe la race, mais nous ne voulons pas que des étrangers nous les imposent [1]. »

Pour que des évêques catholiques aient pu tenir ce langage, sans que le pape le blâmât il faut qu'il soit orthodoxe. Ce qui est orthodoxe dans un pays ne peut pas constituer une hérésie dans un autre. Si le régime de la séparation entre l'Église et l'État est le régime type aux États-Unis, il peut devenir le régime type en France.

Il est vrai qu'appliqué à une nation jeune, sans habitudes prises, sans atavisme, il est en mesure de la faire vivre, tandis qu'appliqué à une nation vieille, habituée au minimum d'efforts et à la vie de serre chaude, il risque de la faire mourir. Le grand air, qui vivifie les jeunes, tue quelquefois les vieux. Nul doute qu'une séparation brutale, sans transition, procédant par suppression pure et simple du budget des cultes équivaudrait pour l'idée religieuse en France à une condamnation à mort. Il n'en sera pas

1. Juin 1892. Présidence de M. E.-M. de Vogüé de l'Académie française.

ainsi ; j'en trouve la preuve dans la résistance des Chambres, depuis vingt ans à cette façon de procéder. Non que les représentants du suffrage universel, seul et unique souverain de l'avenir soient des dévots ou même des respectueux de la foi d'autrui ; mais la liberté de l'Église leur fait peur. Ce qu'ils redoutent le plus c'est de la lui octroyer par la séparation. Donc celle-ci s'accomplira lentement et par lambeaux ; ces lambeaux il faudra les arracher à l'État et quand l'État se verra acculé par la force des choses il préférera ne pas priver par un coup d'autorité l'église catholique de toutes les ressources qu'il lui a consenties en 1789, afin de garder un peu plus longtemps les moyens de la dominer.

Un jour viendra où la France catholique présentera le spectacle que voici : les traitements ecclésiastiques auront été supprimés en principe ; une période de dix ans ayant été accordée aux paroisses pour se constituer en sociétés civiles, au bout de ce temps, celles-ci seront tenues de subvenir directement aux frais du culte. De la question des nouveaux biens d'Église je ne parlerai pas, il y a vingt façons de la résoudre ; la plus défiante, la plus hérissée d'obstacles sera préférable à la dépendance et à l'humiliation imposées aux prêtres par le service des appointements budgétaires.

Quant aux biens acquis à ceux que le budget des cultes a remplacé dans la pensée du législateur et avec le consentement du pape Pie VII il est clair que sauf le retour aux paroisses des monuments affectés au culte, on n'obtiendra jamais de l'État de les restituer. On pourra taxer de vol sa façon d'agir : au xx° siècle il est possible que l'opinion le lui pardonne. L'Église chrétienne en tous les cas ne renaîtra de ses cendres, accumulées par deux cents ans d'irréligion sociale et gouvernementale qu'en achetant sa liberté. Elle la paiera fort cher. Le vendeur la grugera, mais il aura coupé les amarres. L'Église, dès lors, s'échappera dans un vol superbe et planera sur la France opposant à l'irréligion officielle, ses mystères consolateurs et l'esprit vrai du christianisme aux adaptations sociales que prêtres et fidèles en ont faites. La société française redeviendra chrétienne alors que le christianisme français était devenu purement et simplement l'auxiliaire d'une société modelée d'une certaine façon par des mains de rois ou de Césars. Ce que sera le fonctionnement du néo-christianisme, du christianisme libre, il est facile de le prévoir.

La constitution des paroisses en sociétés civiles ecclésiastiques ne s'accomplira que très difficilement. Beaucoup s'y refuseront, il en est comptant trois ou quatre cents âmes, qui matériellement seront dans l'impossibilité de faire les frais de leur culte. Les nouveaux biens des églises, ceux que la loi leur consentira, seront très longs à se former. Dans les villes, ils seront considérables. Les caisses diocésaines seront compensatrices, elles alimenteront les sociétés civiles trop pauvres pour se subvenir à elles-mêmes. Il se passera alors une lutte violente entre l'impiété et la foi, celle-ci faisant rage pour triompher de celle-là. Elle aura pour résultat de classer les croyants; les hommes de foi répudieront tous ceux pour qui la religion ne serait qu'une bienséance. Ce sera la disparition de l'hypocrisie dévote. La liberté fera des apôtres, alors que la protection d'État faisait des habitués d'église. Le noyau religieux acquerra une fermeté inconnue. Les soldats de Dieu combattront *pro aris et focis*. Avec quel acharnement? Il est facile de le prévoir! Et dans cette bataille seront ligués non seulement tous les disciples d'une même doctrine, mais encore tous ceux qui professent une religion quelconque. Le spectacle de la

France ressemblera à celui qu'a offert la ville de Chicago, au congrès des religions en 1893. Bouddhistes, juifs, protestants, catholiques se ligueront pour rendre un même hommage à Dieu.

Peu importera qu'il y ait désaccord entre eux sur beaucoup de points; les vérités vitales et primordiales qui concernent le Dieu suprême seront confessées par tous et la proclamation de ces vérités aura un immense avantage. Tous les croyants en Dieu se rapprocheront et se ligueront à cause de la nécessité où ils seront de vivre par leur propre force et non plus par le privilège de l'État. Les évêques proposés au choix du pape par les chapitres ou par les curés réunis n'écouteront plus que leur conscience pour louer ou pour flétrir les actes. Avec l'indépendance ils recouvreront la perspicacité.

L'Église de France redeviendra une Église fière au lieu d'être une Église rampante. De sorte que, si sa séparation d'avec l'État la jette dans un grand dénuement, elle lui donnera en revanche une immense force d'expansion.

Je n'ai pas voulu entrer ici dans les mille détails que comporte la substitution du système de la séparation à celui de l'union. Je les ai traités ailleurs [1]. Tous comportent une solution aussi acceptable par l'État laïque que par l'Église croyante. J'ai tenu à ouvrir les horizons, à montrer aux chrétiens par quels moyens ils relèveront l'idée qui leur tient à cœur. Je vois cette idée remorquée par la liberté, je la vois comprimée, étiolée et bientôt tuée par la protection hypocrite de l'État. Et comme je crois à sa vitalité, à son éternité, je crois aussi à la séparation; je la souhaite, je l'appelle comme la grande rédemptrice. Et si je ne craignais d'être taxé de rêverie creuse j'ajouterais que l'avenir du christianisme est dans le transplantement du siège apostolique du sol usé de l'Italie, sur le sol rajeuni de l'Amérique. C'est à Washington ou dans quelque province longeant l'Atlantique qu'est l'avenir du monde chrétien. La vieille Rome perdra le sceptre du catholicisme comme elle avait perdu celui de la domination et sur les terres vierges d'Outre-mer refleurira avant un siècle peut-être le christianisme prêché par Jésus, poétisé par Jésus, humanisé par Jésus. Rome deviendra une ville sainte, comme Jérusalem ou comme La Mecque,

---

1. *La Politique conservatrice,* chapitre II. Plon et Nourrit. 1889.

elle ne sera plus la source; le christianisme n'a pas la possibilité de vieillir; il est d'essence trop éternelle pour continuer à pousser sur des ruines; de lui-même il cherchera la terre et il la trouvera. Peu importe après tout qu'il passe à l'étranger! De loin comme de près il émane de tels parfums que les âmes en seront quand même imbibées. Mais il est du devoir de ceux qui croient que sans lui le monde retournerait à la barbarie de l'arracher au climat anémiant auquel il est actuellement soumis en Europe. Le jour où il consentira à s'émanciper on sera étonné des bonds prodigieux qu'il fera à travers l'espace!

CHAPITRE III

Max Nordau a assigné à notre dépression intellectuelle, des causes purement physiques. Les voici, telles qu'il les a décrites :

1° *Dégénérescence picturale* :

« La manière singulière de certains peintres, impressionnistes, pointillistes ou mosaïstes, trembleurs ou papilloteurs, coloristes rougissants, teinturiers en gris ou en blafard, nous deviendra immédiatement compréhensible, si nous avons présentes à l'esprit les recherches de l'école de Charcot, sur les troubles visuels des dégénérés et des hystériques. Le dégénéré, qui souffre du tremblement du globe oculaire, percevra en effet le monde comme quelque chose de tremblant, d'instable, sans contours fermes... Presque chez tous les hystériques, existe l'anesthésie d'une partie de la rétine. Dans ces cas-là, le champ visuel est plus ou moins rétréci et apparaît à l'hystérique non tel qu'à l'homme normal, comme un cercle, mais comme un tableau limité par une ligne capricieusement sortante et rentrante. Mais parfois les endroits anesthétiques ne sont pas continus et se trouvent répandus en forme d'îlots sur toute la rétine. Alors, le malade aura dans son champ visuel toutes sortes de lacunes ou taches noires d'un effet curieux, et s'il peint ce qu'il voit, il inclinera à placer les uns près des autres des points ou taches plus ou moins gros, non liés ensemble, ou liés d'une façon imparfaite. L'insensibilité n'a pas besoin d'être complète ; elle peut exister seulement pour certaines couleurs ou pour toutes les couleurs. Le jaune et le bleu, couleurs périphériques, c'est-à-dire perçues par le bord extrème de la rétine, continueront à être perçus jusqu'à la dernière limite. Mais, chez certains malades, c'est le rouge et non le bleu qui disparaît le dernier [1]. »

1. *Dégénérescence*, t. I, pages 51 et 52.

Conclusion : La peinture extravagante, aux coloris cabriolants, violacés ou bleuâtres de la jeune école française, est une peinture de gens qui ont mal aux yeux.

2° *Dégénérescence ornementale :*

« La fureur de collectionner des contemporains, l'entassement dans les demeures d'un bric-à-brac sans but, qui n'en devient ni plus utile ni plus beau, pour être baptisé du nom tendre de « bibelots », nous apparaissent sous un jour tout nouveau, quand nous savons que Magnan a constaté chez les dégénérés un instinct irrésistible d'acquérir des babioles inutiles. Cet instinct est si particulier que Magnan le déclare un stigmate de dégénérescence et a créé pour lui le nom d'*Oniomanie* ou folie d'acheter [1]. »

Conclusion : Les architectes, les tapissiers, les arrangeurs d'appartements, les dessinateurs de meubles, n'ont plus la pleine possession de leur activité cérébrale.

3° *Dégénérescence musicale :*

« L'aptitude musicale se manifeste presque involontairement et d'une façon inattendue chez beaucoup d'individus atteints d'hypocon-

---

1. *Dégénérescence*, t. I, page 43.

drie et de manie, et même de folie réelle [1]. »
Partant de cette observation, Nordeau constate
que Richard Wagner et son école tendent
à transformer la musique, qui doit être une
« transmetteuse d'émotions », en une « transmetteuse de cogitation ».

Conclusion : Les musiciens modernes ont un
sens atrophié, celui de l'ouïe.

4° Dégénérescence religieuse:

« Presque tous les fous de génie sont dou-
loureusement poursuivis par des doutes religieux qui excitent l'esprit et obsèdent, comme
un crime, la conscience craintive et le cœur
malade [2]. »

Conclusion : Les Français, qui, la plupart
sont obsédés par le doute, possèdent peut-être
du génie, mais ont certainement en eux un
centre de folie.

5° Dégénérescence littéraire :

« Le penchant au groupement, qui se révèle
chez tous les dégénérés et les hystériques, chez
les écrivains conduit à l'établissement d'écoles. »

Conclusion : Les écoles littéraires n'ayant
jamais été si nombreuses qu'au temps actuel,

1. Lombroso *Génie et folie*, p. 214 et suiv.
2. Id.. *Ibid.*, p. 324.

puisqu'elles sont simultanément « réalistes », « symbolistes », « pornographiques », « décadentes », « mystiques », « tolstoïennes », « moliéristes », toute la gente littéraire doit être considérée comme atteinte d'hystérie.

6° *Dégénérescence intellectuelle :*

« La conséquence de la faiblesse ou du manque de volonté est l'incapacité d'attention. — Le manque d'attention conduit en premier lieu à de faux jugements sur l'univers, sur les qualités des choses et leurs rapports entre elles. — Les aperceptions nettes donnent bien une idée, mais elle ne peut être un seul instant ferme et claire, parce qu'aux aperceptions nettes, dont elle est composée, s'en mêlent d'autres que la conscience ne perçoit qu'indistinctement ou ne perçoit plus du tout. »

Conclusion : La France n'a plus la capacité de l'attention, et c'est ce manquement qui a causé l'égarement de son intellectualité.

En résumé, le tableau de dégénérescence dressé par Max Nordau doit être établi ainsi :

Dégénérescence picturale . .	=	Anesthésie de la rétine.
Dégénérescence ornementale.	=	Oniomanie.
Dégénérescence musicale . .	=	Atrophie de l'ouïe.
Dégénérescence religieuse . .	=	Folie du doute.
Dégénérescence littéraire. . .	=	Hystérie du groupement.
Dégénérescence intellectuelle	=	Incapacité d'attention.

Dans un précédent chapitre [1], j'ai dit ce qu'il fallait penser de la prétention des hommes de science consistant à ramener toute la « fumisterie contemporaine » à un état maladif. C'est faire bien de l'honneur au grand nombre de farceurs qui se moquent de tout et du reste. Seuls peuvent être atrophiés les tempéraments vigoureux ; or, rien ne prouve que ceux de la génération actuelle aient jamais eu en eux une force d'expansion quelconque. Au contraire, il est démontré que l'idée d'ironie, de fantasmagorie, de hâblerie, les domine tous. On dirait qu'un soleil méridional a surchauffé les cerveaux et que ceux-ci crépitent sous son action. La dégénérescence morale des individus est mille fois plus présumable que leur dégénérescence physique.

Toutefois, l'atmosphère surchauffée dans laquelle se meut le monde moderne, la vitesse des actions, des idées, l'opposition presque simultanée des contraires, ont ébranlé prodigieusement le bloc intellectuel. L'homme du xixe siècle n'a plus le pouvoir de penser longtemps la même chose. Avant qu'il ait assis une opinion dans son esprit, un fait étranger l'y a

---

1. Première partie, chap. III. *Les temps nouveaux.*

détruite. Tout est à grande vitesse, la science, la religion, la morale, la pensée, et c'est le cerveau qui est la machine aux transports. Il faut en conclure que comme toutes les machines roulant beaucoup, le cerveau est très vite et très fortement ébranlé. Donc, c'est en le fortifiant dans une mesure égale à celle du service auquel il sera convié, qu'il retrouvera la force première, don du tempérament national, et qui se résumait jadis dans ces mots : clarté et bon sens. Or, l'instinct de notre belle France est tel, que cette force a percé au milieu du brouillamini que nous ont fait, en ce dernier quart de siècle, ceux qui se prétendent et que l'on nomme, les intellectuels. Affaiblis physiquement, vaincus par l'atmosphère ambiante, les cerveaux ont crié : Éducation physique ! réfection physique ! Jamais mots ne furent prononcés davantage ; jamais ce qu'ils expriment ne fut plus recherché. Les ligues sportives, les sociétés de gymnastique, les associations de coureurs à pied, à cheval, à bicyclettes, abondent. Les hommes les plus graves sont à leur tête, des académiciens, des généraux, des députés, le président de la République, tous ceux qui ont le droit de juger notre mal et d'en désigner le remède. L'idée de refaire à l'esprit une habitation saine chemine à travers l'opinion. Le service militaire obligatoire est un autre remorqueur de l'idée. Le soldat apprend à marcher, à respirer, à se laver. A son insu, la loi lui fait un tempérament s'il n'en a pas, ou développe celui qu'il a. On peut affirmer que notre intellectualité est en voie de réfection ; nous sommes en train de lui bâtir une maison digne d'elle.

Il était temps ; tout depuis trente ans conspirait contre notre vitalité physique. Les collèges, avec leurs murs de prison, l'Université, avec ses gravités et sa pédagogie à outrance, les bourgeois, avec leurs exemptions des charges militaires. Ceux-là surtout, dont la mission est de penser, étaient la proie de l'anémie officielle ou familiale. Les familles aisées étaient en provocation permanente contre l'esprit. C'était à qui abriterait son enfant contre la fatigue, contre la vie des camps, contre l'ombre d'un danger. Au début du siècle, un officier courait à franc étrier de Madrid à Paris ; le soir, il se pavanait à l'Opéra. Il y a dix ans, je fis, à Saumur, le pari de parcourir d'une traite les soixante-quinze lieues qui séparent cette ville de la capitale ; on me considéra comme un phénomène. Aujourd'hui, pas n'est le plus petit officier de cavalerie qui ne doublerait la distance.

Et en même temps que la maison se reconstruit, l'esprit, mieux abrité, retrouve un peu de sa belle santé. Que l'on mesure la distance qui nous sépare des élucubrations naturalistes et sales de M. Zola ou des romans « *État d'âme* » de M. Bourget! Zola n'est plus le Dieu de personne, pas même des gens voués à la pornographie; Bourget est considéré comme un triste dont on redoute la mélancolie. Qu'on se reporte aux jours où Mallarmé, Verlaine, Barrès et autres entraînaient à leur suite toute la jeunesse littéraire. Maintenant, ils sont seuls avec leur décadence, leur anémie et leur moi. Que si de rares attardés cherchent encore à marcher sur leurs traces, le public leur signifie qu'ils aient à cesser au plus vite leurs injures au génie gai et clair de la France. De quels sourires il a accueilli, cette année même, les amphigouris de *la Belle au bois dormant*, à l'audition desquels nous avions tous été conviés avec tant de fracas [1]! Et les rêves de Maeterlinck et les sons de *Bjornson*, avec quelle pres-

---

1. Représentations organisées par l'Association. Représentations de *l'Œuvre*, théâtre de la rue Blanche.

tesse il les a reconduits à leurs frontières! Et quand la Comédie-Française, gardienne de la tradition, a eu l'idée d'y déroger pour nous montrer ce que les enfants du siècle pensent de l'amour et comment ils l'entendent, l'auditoire ne s'est-il pas chargé de lui rappeler que nos pères connaissaient l'amour dans ses moindres replis et le pratiquaient avec la plus extrême simplicité. L'accueil fait à l'*Amour Brode*, de M. de Curel, est une des marques les plus probantes de notre relèvement intellectuel. Notre naturel chassé est revenu au galop; et comme rien en France ne se fait lentement et avec modération, on peut prévoir qu'avant peu, il sera à une allure désordonnée. Des symptômes ne sont pas la certitude ; mais ils la préparent, et le métier des écrivains est de les signaler.

Je m'en voudrais de ne pas inscrire ici le nom de ces esprits sains qui ont combattu bravement en faveur du génie français. Ce sont des patriotes à leur façon ; et il faut honorer leur courage. A leur tête, marche un homme qui possède une santé d'esprit merveilleuse. Il s'appelle Brunetière. Depuis quinze ans, il frappe, à droite, à gauche, sans souci des enthousiasmes, des emballements, des malédictions d'une

jeunesse avide de bruit et quelquefois de scandale; Baudelaire, Catulle Mendès, les Goncourt, Zola, l'ont trouvé sur leur route raide
comme un piquet de fer; il les a déshabillés,
analysés, autopsiés [1]; il a forcé le public à voir
ce qu'il voyait, et le public s'est éloigné de ses
héros d'un jour; et, sous son incitation, il est
en train de revenir à la saine tradition de propreté, de clarté et de bonne humeur intellectuelle des ancêtres. Cet hiver encore, Ferdinand
Brunetière nous réapprenait à admirer Bossuet.
Le courage a ses contagions. Toute une pléiade
de critiques s'est formée à sa suite, les Doumic[2],
les Faguet et bien d'autres. Ils nous ont affranchis du joug; il y a dans l'air je ne sais
quelles senteurs d'indépendance; nos dieux de
carton-pâte sont ébranlés; on les discute, on
les attaque, quelques semaines encore et ils
seront renversés.

M. Sarcey a été un autre redresseur de notre
intellectualité. Au théâtre, comme dans la
poésie et dans les lettres, peu s'en est fallu que
celle-ci ne sombrât. Il a tenu bon, condamnant
sans rémission les dramaturges touffus, la subs-

1. Ferdinand Brunetière, *Le Roman naturaliste.*
2. Cours de la Sorbonne.

titution de l'argot à la langue orthodoxe, la dissertation à l'action. Il a été moqué, ridiculisé, attaqué, vilipendé, et ses jugements sont entrés comme des tenailles dans la chair des contempteurs du vieux génie national. D'autres ont marché sur ses traces, Hector Pessard, Henri Fouquier, Jules Lemaître; et l'on peut dire qu'au temps où nous sommes l'art théâtral a ses chiens de garde, qui ne permettront pas qu'un génie étranger pénètre dans la maison familiale.

Dans les arts, je constate les mêmes symptômes de relèvement. Que l'on compare l'enthousiasme de curiosité sinon d'approbation dont la jeune école impressionniste fut l'objet lorsque s'ouvrit, pour la première fois, le salon de peinture du Champ-de-Mars, aux indifférences du public actuel en face de ses œuvres! Un tableau exprime-t-il une idée élevée? il est pris d'assaut. *Les Christs* de Béraud, *le Rêve* de Detaille, *la Vie de Jésus* de Tissot, ont vu défiler devant eux des milliers d'admirateurs qui connaissent à peine les chevaux roses de M. Besnard, ou les femmes de sept mètres de long de M. La Gandara. Le relâchement de nos mœurs artistiques nous a fatigués; nous voulons des femmes, des hommes, des enfants en chair et en os, qui marchent comme nous, qui soient faits comme nous, qui pensent et qui rêvent comme nous. — Dans la sculpture, nous avons conservé cette pureté de ligne et de sentiments que les peintres avaient abandonnée; celle-ci a été la remorqueuse de notre goût; il faut le reconnaître et lui en savoir gré. Dubois, Chapus, Saint-Marceau, Falguière sont non seulement de grands sculpteurs, mais encore de grands propagateurs de l'art et de la saine intellectualité.

Dans la musique, même tendance à revenir aux sonorités larges, à la phrase rythmée, aux harmonieuses cadences. Le *Samson et Dalila*, de M. Saint-Saëns, se mesure chaque semaine à l'Opéra avec le *Lohengrin* et *la Valkyrie*, de Richard Wagner. Le *Faust*, de M. Gounod, continue à y faire affluer le public. Avec quels applaudissements a été accueilli ce délicieux *Falstaff*, fait de mélodie, de jeunesse et de clarté. Les mélomanes avaient reçu un coup de massue; ils se tâtent, ils s'observent, ils se défient, ils commencent à douter. Ils en ont assez du *Leitmotiv* rabâcheur et rabâché, des ondes sonores sans fin ni repos. N'était la beauté du drame lui-même, depuis longtemps ils auraient laissé la musique wagnérienne

aux Allemands. Vienne quelque beau poème
traité à la façon mélodique et ponctuée, je
prédis au musicien qui l'aura présenté aux
Français dans cette langue, une apothéose.

Ceux qui, s'entêtant dans un pessimisme
irrémédiable, annoncent l'ensevelissement du
bel esprit français, subissent cette influence
délétère des hommes de science qui mesurant
les idées uniquement au tempérament physique
de ceux qui les expriment font abstraction des
atmosphères morales et des cycles parcourus
par les cerveaux. C'est l'opération qui consiste
à dire : il fait nuit, donc il fait froid, comme
si la lumière était seule à réchauffer le
globe. Un côté de l'intellectualité humaine leur
échappe. Si tous les phénomènes ici-bas pouvaient être ramenés à des axiomes, depuis
longtemps, il n'y aurait plus ni misanthropes,
ni toqués, ni mystiques, ni orgueilleux, ni en-
vieux, ni jaloux. L'homme se laisserait vivre
au courant des formules algébriques, notant
par un signe ou par un chiffre son état exact
d'estomac, de foie, de cœur et de cerveau. Le
spectacle du monde est tout différent. Il est
peuplé de miséreux gais comme pinsons, de

Crésus ayant l'air de croque-morts, de saints laïques et de canailles en soutane, de maris trompés au comble du bonheur et d'époux adorés plus malheureux que des pierres. Le corps n'a rien de ce qu'il faut pour graduer la force ou la débilité de l'âme. Qui veut la juger, la peser, la palper doit la chercher dans l'atmosphère où elle se meut, dans le moule dont disposaient ceux et celles qui l'ont faite.

Or, les observateurs qui ont avec juste raison dénoncé l'affaiblissement intellectuel de la France n'ont pas vu que le mal dont souffre le cerveau français loin d'être un mal de dégénérés, était un mal de géants ! Dans les lettres, dans les arts, dans le domaine de la sentimentalité nous avons poussé l'effort, la vision, la réalisation aux suprêmes limites; les hystéries cérébrales dont nous avons donné le spectacle pendant cette fin de siècle ne sont que les contorsions suprêmes d'un organe exaspéré. Après Chateaubriand, Hugo et Lamartine, que restait-il à dire aux poètes ? Après George Sand et Balzac, que restait-il à dire aux romanciers ? Après Musset, quels soupirs et quelles plaintes pouvaient pousser les amoureux ? David, Proudhon, le baron Gros, Gérard, Ingres, Delacroix, ont-ils laissé un champ d'expérience quelconque aux jeunes peintres ? Seuls, nos musiciens avaient abandonné à d'autres le soin de chanter la vie et d'harmoniser ses sensations, et voici que le génie national fait naître Saint-Saëns et Massenet comme deux grands espoirs de conquérir la supériorité dans cette seconde poésie qui est la musique. L'âme française avait besoin de repos, et au lieu de jouir de son œuvre, de s'en imbiber, de la cuver, elle a voulu produire, produire toujours comme un filon de mine inépuisable. Elle n'a extrait de sa substance que les reflets d'idées et de sons, ou que les décroissances informes et maladives refoulées depuis des siècles au fond d'elle-même.

De cette surforce sans bénéfices possibles est résulté l'aspect intellectuel dont nos ennemis et dont nous-mêmes sommes les témoins ; mais elle n'a pas entamé notre génie, elle l'a simplement égaré. Le tempérament subsiste, il lui a fallu la vision de son mal pour qu'il apprît à s'en dégoûter. Cette vision, les honnêtes gens qui ont lutté pour le maintien de notre vieille intellectualité nationale, ont fini par la rendre claire aux yeux les moins clairvoyants, et c'est ce qui nous permet d'annoncer une renaissance ou plutôt une continuation de l'esprit primitif.

L'âme ne reste jamais stationnaire; étant allée au bout d'elle-même, elle va forcément revenir sur ses pas, et sortie des brumes où il lui a plu de s'enfoncer elle retrouvera la belle lumière qui a éclairé les débuts du siècle. Quels que soient les désenchantements de l'égalité démocratique, l'impossibilité de s'élever au-dessus de ses semblables à laquelle elle nous soumet, le tempérament qu'elle apporte aux élans politiques ou sociaux, elle n'a prise ni sur les cœurs qui ont reçu la faculté d'aimer, ni sur les âmes qui ont reçu celle de croire, ni sur les sens qui ont reçu le don d'admirer ou de blâmer. Il n'y a aucun motif pour que notre cerveau ne nous fasse plus concevoir un amour violent, charnel, ou simplement sentimental ; il n'y en a pas pour que les prétentions de la science à tout connaître nous empêchent de voir qu'elle connaît très peu le passé de l'homme ët qu'elle ignore absolument son avenir. Il n'y en a pas pour que l'obscurité devienne tout à coup clarté, pour que les mots changent de sens, pour que les sons se métamorphosent en idées, pour que les couleurs soient transformées en sons. Que nous manque-t-il donc pour renaître intellectuellement? Simplement l'énergie de

signifier leur congé à tous les farceurs qui
depuis vingt ans ont spéculé snr l'activité de
notre génie, pour nous faire payer leurs vers,
leur prose, leur pornographie, et leur scepticisme en pièces de cent sous. Nous les élimi-
nons en détail alors qu'il faudrait les supprimer en bloc. Nous permettons aux libraires
d'inventer de nouveaux dieux de la même
façon que les disciples de Bouddha, 'suivant tel
ou tel jour de la semaine, donnent l'investiture divine à un barreau de chaise ou à un
éléphant. Le journalisme aidant, le génie court
les rues; ce n'est plus le consentement du
peuple qui donne l'investiture de la royauté
intellectuelle, ce sont quelques « gigolos »
tranchants comme des lames de couteau et
ignorants comme des carpes. Le suffrage universel, depuis quarante-sept ans qu'il existe,
n'est point parvenu à s'éduquer politiquement. Le suffrage artistique, littéraire et sentimental est livré aux masses depuis un temps
moindre, pourquoi ses arrêts auraient-ils été
plus savants?

Il n'y a donc pas lieu de s'étonner, encore
moins de se désespérer du spectacle de notre
intellectualité. La crise était nécessaire, il fallait que libres de tous liens les cerveaux

pussent concevoir les idées les plus déraison-
nables, et donner libre cours à toutes les
excentricités. Ils n'y ont pas manqué. Ils ont
tout dit, tout osé ; non seulement ils n'ont
pas été moqués, mais encore ils ont recueilli
durant leur tentative, la bienveillance d'un
public avide de nouveauté. Attendez, nous
disait M. Antoine, au Théâtre libre ; attendez,
nous disait M. de Curel, au Théâtre-Français ;
attendez nous disait M. d'Humières, au théâtre
de la rue Blanche ; attendez, nous disait
M. Besnard au Champ-de-Mars ; attendez,
nous disait le comte Robert de Montesquiou
chez l'éditeur Lemerre ; attendez, nous disait
M. Bruno¹ à l'Opéra-Comique. Nous avons attendu
et nous avons vu tour à tour, M. Antoine, obligé
de fermer boutique ; M. de Curel renvoyé à
l'école de l'amour ; M. d'Humières, endormant
son public avec ses fées ; M. Besnard, sacré
barbouilleur, le comte Robert de Montesquiou,
décrété incompréhensible, et M. Bruno ca-
cophone. Voilà ce que nous avons fait du
théâtre nouveau, de la peinture, de la poésie
et de la musique nouvelles. Il semble donc
que la transformation des arts, des lettres et

____

1. Auteur de l'opéra intitulé *le Rêve.*

des sons si orgueilleusement annoncée par la
génération actuelle soit jugée par le public,
par ce tout le monde qui a plus d'esprit que
ceux qui en ont le plus, comme un avortement. Avant qu'il soit longtemps, nous en
reviendrons à la pureté des lignes, à la clarté
des mots, et à la sentimentalité naturelle. L'intellectualité française ne s'appliquera plus à
des changements de formes, de sons ou de
couleurs. De superficielle, elle deviendra péné-
trante. Elle ira au fond de l'âme humaine
chercher la douleur, la joie, la vie; du sein
des familles elle se transportera au cœur des
sociétés, montrant l'injustice de leurs agen-
cements, la cruauté de leurs hiérarchies, le
ridicule de leurs préjugés. De concentrée elle
deviendra décentralisée ; mais les procédés
extérieurs de démonstration, les mots, les sons,
les couleurs, resteront tels que le grand siècle
les a faits.

Le siècle qui a possédé Bossuet, Racine,
Molière, Boileau, Largillière, Rigaud et Lulli,
ne peut pas ne pas avoir dit le dernier mot
de la forme littéraire et artistique. Il faut en
prendre son parti. Le génie a ses limites,
seul le temps n'en a pas. Tous ces grands
hommes n'eussent-ils que des continuateurs, il

y aurait encore lieu de se réjouir. Une nation qui pourrait se mirer dans leurs œuvres de cristal aurait le droit de s'admirer et de se montrer au reste du monde comme un enseignement.

CHAPITRE IV

LA RECONSTITUTION MORALE

Renaîtrons-nous moralement? L'atmosphère politique et sociale dans laquelle nous sommes appelés à vivre, est-elle composée de telle sorte que notre moralité ait la possibilité de s'y épurer? Ou faut-il nous résigner à tomber de Wilson en Panama et de Panama dans cet effroyable état d'âme qui engendre la volonté arrêtée de ne plus reproduire l'espèce?

De toutes les réfections, la réfection morale est la plus difficile et par conséquent la plus douteuse. On traite volontiers son corps malade, la souffrance physique étant plus immédiate et plus poignante que nulle autre. (Il n'y

a pas de mort, fût-ce celle d'un amant chéri
qui vous fasse endurer une douleur comparable
à celle d'une rage de dents!) On traite aussi
sans difficulté son cerveau. A force de s'entendre appeler imbécile, et de se laisser prou-
ver que l'appellation est méritée, on change
l'objet de ses admirations ou de ses haines.
Tout ce qui est extérieur en ce monde ou
plutôt tout ce qui nous arrive par nos sens,
les sons, la représentation des objets, la forme
poétique ou littéraire se présente à nous avec
les préjugés, les habitudes, le dire de nos
semblables et au lieu de les percevoir tels
qu'ils sont, nous les voyons la plupart du
temps tels que les autres les ont vus. C'est
pourquoi les petites écoles, et les écoles atteintes
de non-sens ont tant de peine à s'imposer à
une nation saine d'esprit. Mais on transforme
moins facilement son âme. L'âme ne connaît
point le contact immédiat. Elle ne se livre ni
à l'aperception de ses semblables, ni à leur
discussion. Seuls, les mouvements nés d'elle
et en elle modifient son allure. De là l'inap-
titude du raisonnement, de la mode, de l'opinion à la changer. L'honneur qui est la perle
de la moralité ne s'apprend pas. L'homme a
l'honneur en lui ou il ne l'a pas; nul n'est

apte à le conférer. C'est pourquoi il ne faut demander notre reconstitution morale ni aux attitudes des gens qui nous gouvernent, ni au sentiment familial ni au sentiment religieux, ni à l'éducation, lesquels le plus souvent ne sont que des hypocrisies. C'est la constitution sociale seule, c'est-à-dire la base même de nos mouvements, de nos calculs, de nos actes qui peut la faire et qui la fera. Par quels moyens? Je vais le dire.

La Révolution française, quels que soient ses avortements, a fait éclore certains fruits. C'est ainsi que l'égalité n'existe pas seulement dans les mots, mais qu'elle existe encore dans la réalité de la vie. La liberté, toute voilée qu'elle soit, apparaît en chair et en os; elle vit mal, mais elle vit. Seule la fraternité est restée un mot de parade; très certainement les égaux de ce siècle se détestent plus entre eux, s'entr'aident moins les uns les autres que les inégaux du siècle passé. Il n'en demeure pas moins acquis que la devise républicaine contient sous sa triple dénomination tous les éléments aptes à constituer la moralité d'une nation.

Un pays où tous les citoyens seraient égaux,

libres, et animés de l'esprit de fraternité ne connaîtrait ni exploiteurs ni exploités, ni artisans de révolte, ni révoltés, ni contempteurs de la religion ni insulteurs des pouvoirs publics. C'est donc à faire passer, du frontispice des monuments, dans les articles du Code et, par suite dans le cœur des citoyens, le triptyque démocratique, que doivent s'appliquer ceux qui ont à cœur la régénération morale de la France.

J'ajoute que la couleur de ce triptyque est telle, qu'il se montre et souvent s'impose à notre société si mal éclairée, malgré elle, et malgré tous ceux qui ont un intérêt personnel à son abaissement.

C'est ainsi qu'en dépit des socialistes partageux, ou des bourgeois égoïstes et sans cœur, il y a dans l'air des idées de libre disposition des biens acquis, d'indestructibilité du toit familial, d'accession de l'ouvrier aux bénéfices résultant de son travail, qui tôt ou tard et très probablement dans un temps rapproché, enlèveront de haute lutte à tous les flibustiers, à tous les escrocs, qui ont traîné dans la boue notre honneur de nation, leurs instruments de propagande. Pour constater leur éclosion, il suffit de constater combien certains mots qui, il y a vingt ans à peine, auraient fait se cabrer les esprits les plus indépendants, sont devenus familiers!

Les « droits du travail! » « L'inviolabilité du « home! » « Le droit de disposer de son bien! » On ne prononce pas encore le mot, « liberté de tester! » Il semble que l'on ait peur de lui: mais on sent que toutes les autres formules procèdent de celle-là. Tôt ou tard elle apparaîtra comme l'expression d'une nécessité, et l'on sera tout étonné de s'apercevoir que de son adaptation dépend la naturalisation de toutes les autres.

Donc voici la gradation de notre reconstitution morale :

1° Liberté de tester;

2° Inviolabilité du « home »;

3° Participation du travailleur aux bénéfices de son travail.

Le jour où la loi aura inscrit dans le Code ces trois réformes, la discipline morale aura réintégré domicile dans la société française.

La liberté de tester est-elle d'essence démocratique? L'Amérique répond oui. Jamais un fils du Nouveau-Monde n'admettrait que qui que ce fût mit une entrave à la libre disposition des biens acquis par son labeur ou des biens hérités par lui. Pourquoi? Parce qu'il considère que s'il a certains droits sur sa progéniture, sa progéniture n'en a aucun sur lui. Le citoyen américain est individualiste. Chacun pour soi. Et c'est ainsi qu'aux États-Unis, nul n'étant absolument sûr du lendemain, il n'y a ni indolents ni jouisseurs. Chacun travaille pour assurer son propre avenir. Le spectacle qu'offre la ville de New-York où sont accumulées les plus immenses fortunes du globe est prodigieux. Le plus riche spéculateur, le plus riche entrepreneur quitte son palais dès l'aube et n'y rentre qu'à la nuit tombante : il a passé sa journée dans ses bureaux ou sur ses chantiers. Pour eux, ni repos ni flânerie. Leurs femmes, leurs filles, valseront, chanteront, se pavaneront; ce sont des objets de luxe. Eux travaillent, produisent; ce sont les machines à argent. S'agit-il de doter leurs enfants? Rarement ils consentent à leur assurer une somme fixe, et quant aux biens qui leur reviendront après eux, la plupart du temps ils refusent d'en fixer le montant. Ces habitudes sont celles de toutes les classes, depuis les plus aisées jusqu'aux plus pauvres. Qu'en résulte-t-il? D'abord un plus grand respect, une plus grande soumission envers ceux qui peuvent à leur gré vous rendre riches ou vous faire pauvres; ensuite la considération du travailleur et le mépris de l'oisif. La hiérarchie familiale et l'enrichissement trouvent dans ces coutumes, l'une une force l'autre une excuse. Et voici que la moralité nationale hérite de deux disciplines privées qui la fortifient et lui donnent des points d'appui dans le for intime des consciences.

En regard de l'Amérique, placez la France. Le Code Napoléon envisage la richesse acquise sinon comme une propriété d'État, ainsi que le souhaitait Mirabeau, du moins comme une propriété familiale. Le père n'a pas la libre disposition des fruits de son labeur ou de son intelligence; il ne peut pas en priver un fils irrespectueux ou malhonnête. Ce fils sait d'avance que la loi lui en assure, quoi qu'il fasse, une part toujours considérable. De là, deux conséquences : la destruction de l'autorité paternelle et le dégoût du travail. La force de l'une, le prestige de l'autre, s'évanouissent à la première vision de notre organisation sociale. En France, le fils du prolétaire, aussi bien que le fils du riche, traite son père comme son débiteur. Il exige de lui non seulement les aliments et l'instruction, mais encore le plaisir et très souvent l'argent nécessaire pour vivre sans rien faire. Le travail n'est pas en honneur! non pas tant à cause de la peine qu'il coûte qu'à cause de l'infériorité sociale dont il est l'agent. Aussi, que voit-on? Les descendants des anciens seigneurs préférer la situation de gentilshommes pauvres à celle de travailleurs riches, et les fils d'industriels ou de commerçants s'affranchir de tout commerce ou de toute industrie, dès qu'ils ont hérité des biens acquis par leurs pères. Le nombre de ces contempteurs de la vie laborieuse n'est nulle part aussi considérable que dans notre pays; il ne tiendrait qu'à moi de citer ici vingt fils de travailleurs qui se sont empressés d'échanger la patente glorieuse de leurs pères, contre un titre de nobliau frelaté. Et c'est ainsi que la France a perdu, depuis cent ans, ces deux bases essentielles de la moralité d'une nation; le respect de l'autorité paternelle et le prestige du travail.

La liberté de tester les reconstituerait en quelques années; il reste à savoir si l'état de nos mœurs, si les habitudes prises, permettraient l'établissement de cette liberté.

Si l'on considère le peu d'usage que font les pères de ce que la loi appelle « la part disponible » de leur fortune, on doit le considérer comme impossible. Ceux qui s'élèvent avec le plus de vigueur contre les obligations que leur crée le Code, en disposent rarement. Il semble que l'affection paternelle soit engagée dans leur calcul. Ils escomptent l'accusation de préférence et ils s'y soustraient. Un paysan s'accoutume plus facilement à l'idée que son bien sera vendu après lui, qu'à la pensée d'être traité de père injuste par un de ses fils. La rectitude qui domine le tempérament français se dresse contre des attributions inégales. Ceux qui s'en étonnent, et qui peut-être le déplorent, n'ont pas aperçu l'immense différence qui sépare une condescendance de la loi, du principe qui la domine. Un homme, qui sait qu'il demeurera enchaîné, se soucie assez peu que sa chaîne ait dix ou vingt pieds de long. Un homme libre profite gaiement de la possibilité d'aller et de venir où bon lui semble. Le Français ne dispose pas de « la part disponible » de sa fortune, il disposerait mille fois plus volontiers de sa « fortune entière ». Un industriel qui a quatre enfants, et qui possède une usine représentant un capital de dix millions, préfère l'abandonner, plutôt que de donner à un seul de ses fils cinq millions qui ne l'empêcheraient pas de passer en des mains étrangères. La vie familiale, aussi bien que la vie individuelle, a besoin d'atmosphère ; l'atmosphère de la famille française est viciée ; pères de famille et enfants respirent mal ; ce n'est pas avec le grand air qu'ils sont aux prises, c'est avec de simples bouffées. Le père, désireux de constituer un domaine ou une industrie, hésite. A quoi bon ? Ses fils ne seront-ils pas obligés de les céder à d'autres ou de les dépecer ? Les enfants, sans être de tempérament aventureux, iraient volontiers exploiter les gommes d'Afrique ou les rizières du Tonkin. Ils n'ignorent pas que la richesse serait au bout de leur expatriation ; mais leur vieux père a quelques sous ; ils hériteront de lui soixante ou quatre-vingt mille francs. Ils seront dans la gêne, mais ils mangeront. Il suffit. Adieu les aventures, les expéditions lointaines !... Et ils deviendront des ratés de ce monde, piliers de cabarets, bredouilleurs et buveurs, mécontents de tout et du reste, au lieu d'être des éléments de civilisation et des propagateurs d'enrichissement pour leur descendance et pour leur pays.

Un jour viendra où ces conséquences de nos lois successorales apparaîtront aux moins clairvoyants. Lors de la grande lutte qui se pré-

pare entre les sans-le-sou et ceux qui possèdent, quand la victoire achetée au prix, il est
vrai, de grands sacrifices, mais incontestée
et incontestable des propriétaires, sera inscrite
au frontispice du Code nouveau, la liberté de
tester y apparaîtra, gravée comme par enchantement en lettres d'or, lui servant d'introduction, tout comme la déclaration des droits de
l'homme a dominé toutes les innovations intro-
duites dans la vie nationale par la Révolution
française.

Un second élément de réfection morale sor-
tira sans bruit, presque sans discussion, d'une
réforme qui s'impose et qui déjà est apparue
à l'horizon des Chambres législatives. Il s'agit
de ce que les Américains appellent « le homestead » et de ce que nous, Français, nous appel-
lerions « la stabilité du chez soi ». Nos paysans
désignent le toit qui les abrite par ces trois
mots : « Notre chez nous ». Sous une forme
incorrecte, ils y ont exprimé cette idée de
demeure familiale comprise dans la locution
anglo-saxonne. Le « homestead! » c'est-à-dire le
minimum de propriété, maison et culture,
nécessaire à une famille, pour s'abriter et se

nourrir, mis à l'abri de toute mainmise de la part de ses créanciers ou de la part de l'État! « Le homestead! » droit à l'existence, consacré et garanti par la loi! L'Américain qui veut et qui peut fixer l'avenir de sa famille achète, dans des conditions réglées par une législation particulière, un bien rural, d'une étendue et d'une valeur variable, mais que cette législation même exige devoir être toujours modeste. Ce bien, exploité par lui et par les siens, constitue désormais pour sa famille un asile inviolable, d'où ni sa veuve ni ses enfants ne sauraient être expulsés par une volonté quelconque, quel que soit l'état des affaires du propriétaire défunt.

Qui ne voit d'ici les conséquences morales d'un pareil régime de la propriété, sur les propriétaires et sur leurs descendants :

1° Le chef de famille, assuré de pouvoir nourrir ses enfants, ne se met plus ou se met moins en travers de la loi naturelle, pour modérer sa production. De là, le développement de la population, et par conséquent la vie du pays au lieu de sa mort! Mise au régime du « homestead », la France redeviendrait soumise à la nature au lieu d'être une nation révoltée contre elle.

2° Intéressés, par les bénéfices que leur assure « le homestead » à ne point déserter le toit paternel, les fils de ceux qui l'ont constitué demeurent aux champs et les cultivent; ils en respirent les saines émanations, au lieu de s'en aller errer le long des égouts des villes, au milieu de la racaille abêtie. Conséquence : le développement de la vie familiale qui, elle-même, est l'embryon de la vie sociale, telle que le créateur du monde semble l'avoir conçue.

3° Les propriétaires se multipliant, la propriété gagne en respect; elle se consolide au lieu de s'effriter. Dans un temps où elle est présentée au peuple comme une forme surannée de l'ordre social, « le homestead » lui rend la considération dont elle a besoin.

Voilà trois effets essentiellement moralisateurs de cette institution. Peut-elle être naturalisée française? Qu'elle effraie ceux que je suis obligé d'appeler « les bourgeois », parce que tout le monde appelle de ce nom les quantités de grippe-sous enrichis qui pullulent sur notre sol, rien de plus naturel. Ces entasseurs de métal, notaires, avoués, huissiers, agents d'affaires, acheteurs et revendeurs de biens, médecins, vétérinaires, avocats, fonctionnaires,

que sais-je encore? Tous ceux qui, à force de
parcimonie, de grattage, de commissions, de
sévices quelquefois, de rectitude inexorable
toujours, sont arrivés à se constituer une fortune, si petite qu'elle soit, se font mal à l'idée
que l'on puisse faire plier la loi d'airain qui
régit les relations du propriétaire avec ses
créanciers. Voir entre les mains de son débiteur la valeur de ce qu'il vous doit et ne
pouvoir s'en emparer! Quelle épreuve! Et
quelle atteinte aussi aux traditions de la
France! Ceux-là mêmes qui, par le raisonnement, arrivent à concevoir la légitimité du
« homestead » se découragent à la pensée de la
contradiction qu'il créerait entre les habitudes
prises et les innovations dont son établissement serait le signal. Mais tous ceux qui ne
jouissent pas encore de cette fortune bourgeoise, ou qui possèdent des biens depuis longtemps acquis par leurs pères, tous ceux, en un
mot, qui n'ont aucune fortune ou qui en possèdent une bien assise sont pénétrés des droits
de leur prochain à un minimum de propriété,
lorsque celle-ci a été achetée à beaux deniers
comptants et constituée par un labeur honnête!
Et voici que l'idée d'introduire le « homestead »
sur notre sol chemine de telle façon que déjà

elle a abouti au temple où se font les lois [1]. Nul doute qu'elle entre peu à peu dans l'esprit du législateur! Que ce législateur soit un César ou un Parlement, il faudra bien que le goût de la propriété, que la possibilité de ne la point laisser échapper soient rendus par lui au prolétaire. Si l'on ne veut pas que celui-ci la piétine et qu'il la mette en poussière, bon gré mal gré, ceux qui tiendront le sceptre gouvernemental devront la mettre à sa disposition sous une forme attachante en même temps que respectueuse des droits d'autrui. Et de toutes celles qui ont été conçues jusqu'ici, il n'en est pas de plus naturelle, de moins attentatoire à ces droits. Voilà comment il se fait qu'à notre insu et par le seul choc des intérêts sociaux, la France marche d'un pas assuré vers son relèvement moral.

Ce relèvement dérive encore d'une troisième source. Celle-ci coule au milieu des travailleurs charriant la question sociale, et si vivace qu'il est facile de prévoir le point où

1. Proposition de la loi déposée, en juin 1894, par M. LÉVEILLÉ, professeur de droit et député de Paris. M. CORNIGNAT, docteur en droit, a publié récemment une thèse très importante sur le même sujet.

son cours la conduira. Le lecteur connaît les
bases sur lesquelles repose l'idée de faire participer les ouvriers aux bénéfices dont leur travail est l'agent. Je les ai exposées au cours de
ce livre[1]. Qu'il suffise de rappeler que cette
participation est un droit et non une faveur.
C'est pourquoi tôt ou tard, et très prochainement sans doute, elle fera partie du fonctionnement normal des organes de la vie sociale.
Quels avantages la France en tirera-t-elle, au
point de vue du relèvement de sa moralité? Le
plus grand de tous, l'équilibre. Et ici, j'entends cette pondération des droits, cette satisfaction donnée à l'idée de justice qui éteint
l'envie, qui calme les jalousies et qui, par là,
rend aux consciences le respect. Il ne faut pas
songer, chez une nation dont l'égalité est le
principal souci, à rétablir les hiérarchies; mais
celles-ci se rétabliront naturellement et sans
effort, lorsque hommes et choses seront à la
place qu'ils doivent occuper. Pénétrez dans une
métairie exploitée « à moitié » aux pays de
l'Ouest, vous y constaterez toujours la déférence du fermier pour le propriétaire; il dit
encore de celui-ci, en le désignant : « Notre

1. Voir troisième partie, chap. I, *la Reconstruction sociale.*

maître! » Ce maître n'est pas considéré comme un exploiteur; rien en lui du « Juif » ou de l'homme d'argent. Aussi est-il respecté, et le respect même dont il est entouré se répercute alentour. Les jeunes, n'entendant pas maugréer les vieux, se soumettent plus volontiers au pouvoir paternel : l'expérience prouve que le sentiment familial est plus développé dans les pays où la propriété est ainsi exploitée que dans ceux où le sol est une simple marchandise louée au plus offrant.

De cette même répartition des produits du travail naîtra aussi un sentiment très vif d'honnêteté. Le « pot-de-vin » si à la mode, considéré par tant de gens comme une sorte de péage à l'entrée de l'arène sociale, deviendra un objet de mépris. L'équilibre une fois établi entre les forces concourant à la lutte pour la vie, malheur à qui le rompra! Or, quel agent plus dissolvant que le pot-de-vin! Chacun le poursuivra de sa haine, parce qu'il sera de l'intérêt de chacun de le haïr. Déjà, celui que l'ouvrier nomme « l'intermédiaire » et qu'il considère comme un trafiquant de la matière mise en circulation ou façonnée par lui, est tenu en suspicion! Il édifie sa fortune sur le travail d'autrui; autrui a de la peine à ne pas voir dans ce procédé un prélèvement injuste sur ce qui lui appartient. La guerre à l'intermédiaire est déclarée; celui-ci finira par succomber. A plus forte raison, le « pot-de-vinier » est-il menacé dans ses œuvres vives! Son gain est mille fois moins licite. Quand le prolétaire sera admis à jouir de tout ce dont la justice lui donne le droit de jouir, il le châtiera de telle façon qu'il ne trouvera plus d'imitateurs. Et la reconstitution sociale aura été par là même le plus puissant remorqueur de notre moralité nationale.

A ces trois signes très distincts de son relèvement s'en ajoute un quatrième plus général, mais plus indicateur encore. C'est ce goût pour l'action qui s'est emparé de la jeunesse. Nous commençons à marcher seuls; tandis que ceux qui s'intitulent socialistes se recroquevillent sous l'aile de l'État, cherchant à lui assurer tous les monopoles, attendant de lui l'instruction, la nourriture, le vêtement, et même l'argent mignon qui permet, le dimanche, de hanter le cabaret, la grande masse de la nation s'affranchit. Elle entend vivre, agir par elle-même. Les écoles libres, les caisses d'épargne libres, les syndicats libres de production et de

consommation se multiplient. Les agriculteurs,
les viticulteurs se concentrent, supprimant les
intermédiaires, faisant la police de leurs intérêts, exigeant de l'État qu'il ne leur fasse pas
une concurrence déloyale en leur préférant des
fournisseurs étrangers. — Dans un autre ordre
d'idées, chacun semble apprécier le poids de
sa responsabilité. La presse, l'arme par excellence, celle contre laquelle il n'y a ni tampon
ni cuirasse, est à la portée de tous. Tous s'en
servent; si tous ne sont pas des écrivains, tous
écrivent, accusent ou se défendent. Il est impossible que la vérité ne jaillisse pas de ces
chocs, de ces efforts. Jadis, le journalisme
était une expression entrainant après elle un
sentiment de mépris; aujourd'hui, certains
journalistes sont, à bon droit, méprisés, mais
leur instrument de propagande est admiré,
utilisé, envié. Plus la France marchera dans
cette voie de la discussion à outrance, de la
mise à jour des roueries et des canailleries
humaines, plus elle retrouvera vite le sens de
sa dignité morale. Que les hautes classes consentent à descendre dans l'arène politique (et
elles sont en train', qu'elles se décident à servir
la France dans la diplomatie, dans l'administration, dans tous les services de l'État, comme

elles la servent dans la marine ou dans l'armée, et la moralité du pays s'enrichira de tout ce qu'elles en possèdent elles-mêmes. Déjà le conservatisme n'est plus « le nom spécieux de l'apathie ». On ne peut plus dire de lui que « résolu à rester sauf, ce n'est qu'un morceau de bois mort »[1]. Les conservateurs se liguent, se syndiquent. Bientôt, ils seront comme tout le monde, au lieu d'être des gémisseurs et des empaillés. La France gagnera à leur réveil ce que leur torpeur lui a fait perdre. Il en est de la lutte entre les éléments sociaux comme de celle entre les nations, c'est la richesse qui assurera le triomphe. Le plus riche en bravoure, en éloquence, en activité vaincra l'autre.

Au fond, le relèvement moral de la France procède directement de son relèvement social. Faites de justes lois, rendez à chacun ses droits, au propriétaire la liberté de tester, au prolétaire la liberté de jouir des fruits de son travail, et des combats qu'engendrera leur possession renaîtra le respect, et avec lui la force productive qui semble s'être atrophié dans nos veines

---

1. *L'Église et le siècle*, par monseigneur Ireland (Librairie Lecoffre).

de Français. Ces lois, le xx⁰ siècle les verra faites, appliquées, et c'est avec l'auréole attachée par lui au front de la démocratie, qu'il faut le regarder projetant sa trace lumineuse sur le monde !

QUATRIÈME PARTIE

L'INÉVITABLE

CÉSARION !

« On se lassa des discordes civiles et Auguste
fut accepté pour maître sous le nom de
Prince » [1].

Tel est le seul motif que, dans sa concision,
Tacite prête à l'évolution du peuple romain
vers le césarisme. Ce peuple essentiellement
républicain, gonflé de sa souveraineté se garda
d'instituer son premier maître « Empereur ».
Cette désignation était réservée au chef d'armée
dans l'exercice de sa fonction. L'accorder à

______

1. « Qui cuncta discordiis civilibus fessa, nomine Principis
sub imperium accepit. » (Annales de Tacite. Livre I, § 1.)

l'administrateur civil c'eût été abdiquer le droit d'exercer dans ce domaine le pouvoir suprême, *summum imperium*. Ce fut seulement à partir de Caracalla que la souveraineté exclusivement aux mains des soldats se traduisit chez le chef élevé par eux sur le pavois, par le titre d'empereur. Les prétoriens confondirent tout naturellement alors les deux pouvoirs, le militaire et le civil, sous la même appellation.

Le nom de Prince fut, à proprement parler, le titre distinctif donné au chef de l'État, par la Constitution dans laquelle vint s'échouer la république romaine, où sont amalgamés à dose égale les éléments de la monarchie, de l'aristocratie et de la démocratie.

D'où il faut conclure qu'une république peut tourner au césarisme, sans abdiquer ses prétentions à la souveraineté, sans non plus affubler celui à qui elle se livre du nom d'empereur et des apparats qu'il comporte.

L'histoire nous offre un second enseignement. Durant les cinquante années qui séparèrent la répeblique romaine de l'avènement de César, le verbiage sénatorial ne connut point de limites. Rome y passa son temps sur la place publique. Jamais on ne vit en aucun pays pareille éclosion de beaux parleurs. Mais pour un orateur honnête comme Cicéron, rigide comme Caton, ambitieux comme César, que de mazettes de la parole! Les Catulus Lutatius, les Publius Clodius, les Cassius, les Cimber, et Brutus lui-même! Et tous ces bavards de premier et de second ordre, la plupart débauchés ou concussionnaires, se menaçaient, s'accusaient, en appelaient aux encouragements du peuple institué grand juge, avant d'en venir aux mains sur les champs de bataille, quelquefois jusque dans les rues de Rome.

Écoutez maintenant quelle fut la méthode grâce à laquelle César s'éleva au pouvoir personnel, entraînant à sa suite le peuple le plus fier de la terre, et qui lui aussi croyait à l'éternité de la République.

César, jeune avocat, et presque un inconnu, n'hésite pas à accuser Dolabella de concussion dans le gouvernement de la Grèce. Dolabella est absous. César ne se rebute pas; il accuse aussitôt Antoine de malversations devant le préteur de la Macédoine. César a débuté dans la vie publique par le rôle d'accusateur public!

César est affable et magnifique. Édile, il sourit à tous et il consacre une grande partie de sa fortune à réparer la voie Appienne, à organiser des jeux pour le peuple [1]. Jamais l'argent n'arrête sa marche... Il s'endette sans compter. Il tient son rang, et il donne du lustre à la République. Quand il ne peut plus payer son faste, c'est Crassus qui le paie, Crassus qui a besoin de sa protection et qui est le plus riche des Romains.

César est socialiste. Celui qui enrichit le peuple est assuré de la popularité. Nommé au gouvernement de l'Espagne, il accorde aux débiteurs un terme illimité pour se libérer de leurs créanciers. C'est son don de joyeux avènement. Acclamé consul, au retour de sa conquête, il propose au Sénat le partage des terres et des distributions de blé; le Sénat regimbe. César va droit à la populace, celle-ci accepte ses offres et l'acclame.

César est corrupteur. Avant de marcher sur Rome où ses ennemis ont entrepris de le perdre « il laisse, nous dit Plutarque, puiser abondamment dans les trésors qu'il avait amassés en Gaule, tous ceux qui ont quelque part au gouvernement. Il acquitte les dettes du tribun Curion, qui étaient considérables, et il donne

1. Dans une seule journée il fit combattre devant le peuple trois cents paires de gladiateurs.

quinze cents talents (sept millions et demi) au consul Paulus. » Entré dans Rome, Métellus lui refuse les clefs du Trésor public. « Les lois le défendent ! — Le temps des armes lui répond César n'est pas le temps des lois. » Il le menace de mort et il passe outre.

César est dissolu. La guerre l'amène sous les murs d'Alexandrie ; Cléopâtre vient d'en être chassée par Ptolémée, son frère ; il la rappelle, lui fait un enfant [1], livre une bataille et s'en va.....

II

Si en face de la République romaine expirante, on place la République française naissante, que voit-on ?

Sans doute l'ordre matériel y règne. De Brest à Lille, du Havre à Marseille, les lois sont écoutées et la gendarmerie crainte, sinon respectée. Mais le spectacle offert par les chefs de la démocratie y est identique.

[1]. Césarion.

Où et quand vit-on plus d'accusations de traîtrise et de péculat ? Déroulède [1] voue Clémenceau [2] à l'opprobre, et la moitié de la France avec lui accuse le chef des radicaux d'avoir vendu l'Égypte aux Anglais, après s'être vendu lui-même à Cornelius Herz, l'agent des Allemands. Deux ministres, Baïhaut [3] et Barbe [4], sont convaincus d'avoir aliéné leur conscience au profit des brasseurs d'affaires panamistes, l'un pour six cent mille francs, l'autre pour trois cent mille francs. Celui-ci est l'objet d'une condamnation posthume, celui-là expie son crime dans la prison d'Étampes. Delahaye [5], dénonce cent députés comme ayant trafiqué de leur mandat ; Floquet [6], le président du Corps législatif, a été un entremetteur de flouerie ; Rouvier, le ministre des finances a puisé dans la caisse d'un banquier de carton pour en tirer un secours de quatre-vingt mille

1. Déroulède, février 1893 (corps législatif).
2. Clémenceau, chef du parti radical, de 1875 à 1893.
3. Baïhaut, ministre des travaux publics, en 1889.
4. Barbe, ministre du commerce et président de la Société de dynamite, en 1889.
5. Député d'Indre-et-Loire.
6. Sénateur de la Seine. Célèbre par son cri de « Vive la Pologne, monsieur! », poussé sur le passage de l'empereur de Russie, en 1868.

francs au profit de la France, réduite à la
mendicité ! Freycinet tombe du pouvoir, sous
le poids des freins Wengher et sous celui du
mépris ! Ribot [1] affirme sur son honneur qu'il
fait rechercher le corrupteur Arton. Dupas
son propre agent, lui jette au visage un démenti
public! Voleurs! vendus! Chéquards! Cris
d'infamie qui résonnent à tous les coins de
rues, comme des tocsins. Le président Carnot
a présidé à toutes ces saletés avec la sérénité
d'un automate de carton, et Ricard [2], qui les
a dénoncées, le seul qui ait fait œuvre
d'honnête homme, est démonétisé, plaisanté,
injurié, ridiculisé, couvert de quolibets et de
bave.

Tandis qu'il en va ainsi sur les sommets,
aux second plans de la démocratie et dans ses
bas-fonds, ce ne sont que querelles et que discus-
sions. La presse est la place publique des Français; tous y descendent, s'y mesurent, s'y invec-
tivent, s'y battent, et même s'y tuent. Nous
sommes la nation la plus écrivassière du monde.
Le journalisme nous submerge comme un tor-
rent sans digues. Voici que par une pente

1. Chef du Cabinet en 1893.
2. Député de Rouen, ancien garde des sceaux.

naturelle, et sans qu'il faille en accuser d'autres que nous-mêmes, nous arrivons à ces lois calquées sur celles des plus affreux tyrans de l'antiquité où les intentions présumées sont punies comme des crimes, où la dénonciation est érigée en système de gouvernement, où le simple soupçon équivaut à la preuve [1].

Et le socialisme corrupteur, celui qui enrichit la popularité des chefs et qui appauvrit les soldats est encensé, choyé, pratiqué par les républicains inconscients. Millerand, Jaurès, Goblet, Cavaignac et tous ceux qui ont emboîté le pas derrière leurs bruyantes personnalités jettent en pâture au peuple les gros capitalistes, la grande propriété, les grandes Compagnies. Ils mesurent leur socialisme au taux de la richesse.

Mais que l'on ne s'avise pas d'imposer leurs propres revenus, de leur refuser des parcours gratuits sur les lignes ferrées, ou de diminuer des traitements que ni leurs talents, ni leur assiduité ne justifie : ils jetteraient des cris d'orfraie, appelant la foule à la révolte. Leur socialisme est uniquement politique et intéressé : on peut en rire ; on ne saurait le respec-

---

1. Loi contre les anarchistes, juillet 1894.

ter. Mais le peuple qui n'aperçoit que les surfaces les trouve singulièrement charmeuses; il s'y mire, il s'y complait, il enveloppe dans une même admiration ceux qui les ont faites. Il appelle les réalités, il les attend, il les attendra encore, mais il entend qu'elles se manifestent. Il les veut, il les aura.

Nos modernes entrepreneurs de césarisme, dénonciateurs, bavards, flagorneurs, corrompus et corrupteurs possèdent tous les vices qui ont élevé César sur le pavois. Toutefois une de ses qualités leur manque; ils ne sont point magnifiques. Ils voudraient l'être, ils ne peuvent pas; l'élégance native leur fait défaut. Leur Cour, ce qu'ils appellent la Présidence, celle de Thiers et celle de Mac-Mahon, celle de Grévy et celle de Carnot ont été inélégantes; elles n'ont eu ni les panaches ni les oripeaux qui enthousiasment les foules. Et ce que ces gens-là ont moins encore c'est le génie qui crée, le génie qui fait admirer et qui fait pardonner. En vingt ans, ils n'ont ni fait une belle loi, ni édifié une œuvre d'art, ni inventé une littérature, ni remporté une victoire. Ils ont préparé inconsciemment le césarisme, sans faire naître de César. Jamais sottise nationale plus grande ne fut commise. Une baie a été creusée où aboutissent toutes les eaux vivifiantes de la terre de France, et pas un canot n'a été préparé pour y porter les Français. Quelles seront les conséquences de cet oubli?

En tout autre pays que le nôtre, il faudrait conclure à une investiture spontanée, accordée à un individu quelconque, tout à coup sacré grand homme, ou sauveur ce qui a une signification identique. En France, il faut compter avec l'histoire du siècle déjà fort instructive, et avec les déboires de la foule pendant ces dernières années.

Le général Boulanger, après avoir frôlé la pourpre impériale, a tué le panache pour plus de cinquante ans. Le peuple, victime de l'atmosphère que les républicains depuis quinze ans chargeaient de miasmes césariens, avec sa logique accoutumée, avait décidé de faire de ce général, un chef d'État, un prince comme disaient les Romains, un premier Consul comme auraient dit les anciens Conventionnels. Si au lieu de fuir le danger, et de s'endormir dans des voluptés de sous-lieutenant, Boulanger eût pris d'assaut l'Élysée, le soir du jour où la ville de Paris l'avait acclamé député, il aurait couché dans le lit du président, et nul doute que le lendemain, la France entière ne lui eût décerné le titre de libérateur, que suivant toutes les probabilités elle aurait, avant qu'il s'écoulât un long temps, transformé en celui d'empereur. La couardise de Boulanger, les découragements qui en ont été la conséquence, les déboires du peuple trompé par son rêve, ont dégoûté pour toujours la génération qui en a été le témoin, des entreprises césariennes. Ce seront nos fils seulement qui, un jour peut-être, seront travaillés de mêmes velléités. Quant à nous, nous nous sommes inoculé la vaccine impériale ; elle nous met à l'abri contre la logique des faits. Nous n'inventerons ni un empereur ni un César ; nous nous contenterons d'en préparer les sosies.

Voici par quels procédés :

Il est certain que le système constitutionnel qui nous régit rend impossible toute grande réforme administrative, tout changement dans les rouages financiers, tout équilibre social nouveau. Supposez la plus juste, la plus logique, la plus philanthropique des répartitions d'impôts, il se trouvera toujours quelque député pour y faire obstacle. Est-il question de les soumettre à l' « Exercice », les bouilleurs de cru se cabrent. S'agit-il de surélever le prix du petit verre, ce sont les buveurs d'alcool qui fulminent. Au contraire, ceux qui ne boivent que de l'eau se moquent des contorsions du bouilleur de cru et des colères de l'ivrogne. Les uns et les autres font les députés et les défont. L'impôt devient alors une marchandise électorale que, suivant les besoins de sa cause, on vend ou l'on achète. Dans tout pays, où le pouvoir législatif n'a pas de contrepoids, la comédie politique est la même. Et c'est ainsi que l'anémie les pénètre et met les nations les plus vivaces dans cet état maladif qui les pousse à demander à un seul l'aide que plusieurs n'ont pu leur donner.

Les représentants de la France, sacrés tout puissants par le suffrage universel leur maître, échapperont-ils à ces tiraillements nés du choc des intérêts ? Une expérience vieille de vingt ans prouve le contraire. La République parlementaire n'a pas accompli une seule réforme administrative ou financière pendant sa toute puissante hégémonie. Elle a démoli tout à l'entour _ de l'édifice social, elle a été inapte à ôter une seule pierre à l'édifice lui-même. La France de cette fin de siècle est la France de son début, aussi centralisée, aussi prude, aussi démocratique de nom, aussi aristocratique d'intérêts. Ce n'est pas la République qui nous gouverne, c'est Bonaparte. Et le peuple a grandi, il a pris possession de lui-même, de ses droits ; il a regardé et il a vu tout ce qui lui avait été promis et qui ne lui a jamais été donné. Le peuple est patient ; il est né dans la souffrance ; mais la patience a des bornes. Intérieurement, il est un révolté. L'Empire, je parle du second, l'a trompé ; Boulanger lui a craqué dans la main. Voilà pourquoi il reste soumis à la République. Celle-ci vit, non par son mérite, mais par la folie et la couardise de ses émules. Et alors, c'est la République elle-même que le peuple s'efforce de rendre césarienne. Ses mandataires subissent ses défiances. Tenus en suspicion, ils doutent d'eux-mêmes, et d'instinct, ils créent pièce à pièce ce qu'ils appellent un pouvoir fort. Déjà, ils lui ont accordé une loi de sûreté générale, c'est-à-dire une loi de dictature. Qu'il plaise à un président fantaisiste, et il s'en trouve, de passer par-dessus leur tête et de s'adresser directement au peuple lui-même, celui-ci le sacrera César. Et si ce César leur octroie la liberté de conscience, s'il consacre les droits du travailleur au partage des bénéfices qu'il fait naître, s'il donne au propriétaire la possibilité de disposer de ses biens après lui, il faudra qu'il soit le plus grand des hommes d'État pour se soustraire aux pouvoirs illimités que la nation délirante s'efforcera d'abdiquer dans ses mains. César est à nos portes, non pas César sur un char drapé de pourpre, précédé de ses licteurs et suivi de ses esclaves, mais César poussé par la foule des loqueteux et des opprimés, cherchant en vain à protéger les mandataires du pays, déclarés nuls et impuissants par le pays lui-même. Pour tout dire, nous nous élevons, petit à petit, non pas à l'Empire héréditaire, mais au césarisme républicain. Rome a vécu quatre cent cinquante ans avec ses empereurs, je ne vois pas pourquoi nous ne vivrions pas le même espace de temps avec ces Césars-là!

Fils du siècle qui finit, nous avions fait un beau rêve de liberté et de fraternité ; nous avions cru qu'à la toute-puissance individuelle correspondait la toute-puissance créatrice. Et voici que ni l'éducation ni les épreuves n'ont triomphé du tempérament que dix siècles de dépendance et un siècle d'égoïsme nous ont fait. Nous sommes une démocratie, nous ne parvenons pas à faire de nous des démocrates. Nous mourrions pour le mot égalité, et nous créons chaque matin un privilège ; hier, le privilège de l'agriculteur, demain, celui du petit propriétaire, après-demain, celui du rentier [1]. Nous hurlons le mot liberté, et nous ne pouvons pas laisser dix pauvres moines vivre et mourir en paix sous un même toit ! Fraternité ! Fraternité !... Oh ! la belle devise ! Et depuis dix ans, nous n'arrivons pas à mettre sur pied une loi protectrice du travailleur en cas d'accidents. Le beau pays de France est rempli d'aspirations. Il semble que ce soit une plante superbe qui n'attend qu'une rosée pour s'ouvrir ; il veut être libre, il veut être juste. La logique l'a fait républicain, la logique lui fera répudier le parlementarisme. Le XXᵉ siècle nous mettra dans les meubles d'une République autoritaire. Et alors, gare à Césarion !

S'il en est qui se sont appelés Auguste et Trajan, d'autres ont eu nom Héliogabale et Augustule !

---

1. Le tarif des douanes, voté sur la proposition de M. Méline ; le projet de loi de M. G. Cavaignac, exemptant d'impôt toutes les petites cotes foncières ; la rente intangible, etc.

TABLE

——

PREMIÈRE PARTIE

LE GRAND BRANLE-BAS

DEUXIÈME PARTIE

LES DESTRUCTIONS DÉFINITIVES

TROISIÈME PARTIE

LA RECONSTITUTION

QUATRIÈME PARTIE

L'INÉVITABLE

IMPRIMERIE CHAIX, RUE BERGÈRE, 20, PARIS. — 22931-12-04. — (Encre Lorilleux)